U0614894

哲人哲思

（京）新登字 083 号

图书在版编目 (CIP) 数据

　　深思浅喻：李德顺哲理比喻小集 / 李德顺等著.—

北京：中国青年出版社，2018.4

　　ISBN 978-7-5153-5070-7

　　Ⅰ.①深…　Ⅱ.①李…　Ⅲ.①社会科学－文集 Ⅳ.①C53

中国版本图书馆 CIP 数据核字（2018）第 058324 号

哲人哲思

深思浅喻

李德顺哲理比喻小集

李德顺等 著

总策划：王 瑞		印　装：北京科信印刷有限公司
责任编辑：彭 岩		经　销：新华书店
装帧设计：今亮后声 HOPESOUND panikouyugu@163.com		规　格：880 mm × 1230 mm　1/32
出版发行：中国青年出版社		印　张：10.75
社　址：北京东四十二条 21 号		字　数：280 千
网　址：www.cyp.com.cn		版　次：2018 年 6 月北京第 1 版
编辑中心：010-57350407		印　次：2018 年 6 月北京第 1 次印刷
营销中心：010-57350370		定　价：59.00 元

如有印装质量问题，请凭购书发票与质检部联系调换 联系电话：010-57350337

李德顺教授　李钊平摄

作者简介

李德顺，1945 年生，毕业于中国人民大学，获哲学博士学位，现任中国政法大学终身教授、博士生导师、人文学院名誉院长，中国辩证唯物主义研究会副会长，中国价值学研究会会长，中国行为法研究会学术委员，享受国务院特殊津贴的专家。

主要研究领域为马克思主义哲学，重点是哲学原理改革和发展研究、价值论和价值观念研究、当代文化研究等。

主要作品有：《伟大的认识工具》《价值论——一种主体性的研究》《价值新论》《选择的自我——一个哲学家眼中的人生》《公民道德读本》《立言录——李德顺哲学文选》《话语的圈套——李德顺短论杂文选》《家园——文化建设论纲》《价值论原理》《生命的价值》《邓小平的人民主体价值观思想研究》《新价值论》《道德价值论》《与改革同行——中国特色社会主义哲学理路之思》《哲学概论》《走向民主法治》《走近哲学》《我们时代的人文精神》等；发表论文数百篇，已出版论文集。主编《价值论译丛》《价值学大词典》《人生价值丛书》《实践价值丛书》《马克思主义哲学范畴研究》等；部分作品曾获北京市和教育部优秀社会科学成果奖、全国"五个一工程"奖、国家图书奖、吴玉章奖等。

"十三五"国家重点出版物出版规划项目图书

PHILOSOPHY AND STORY

———

深思浅喻

李德顺哲理比喻小集

李德顺等 – 著

中国青年出版社

目 录 | Contents

第2辑 ｜ 人生篇

第 3 辑 ｜ 治政篇

第4辑 | 治学篇

前　言

　　比喻，有时是说理的一个好办法——可以把某些深奥难懂或陌生偏僻的道理，变成浅显生动的现实形象，便于人们联系生活中的切实体验，去理解和思考。所以，古今中外许多大家，都是这方面的高手。他们能够信手拈来，用一个人们往往熟视无睹或意想不到的生活常识，使一个疑窦丛生的话题，一下子鲜明起来，变得意义立见、是非分明。

　　这些思想大家们，之所以能够如此举重若轻，是因为他们的出发点，原本是关心和热爱人类生活的；他们的思想理论体系，原本是深及社会生活普遍本质的；他们的目标，原本是为了人类的生活变得更好的。也正因为如此，他们能够发现生活中最平凡但也有意义的现象，并练就了解释这些现象的勇气和智慧。

　　当然，比喻不是论证。对于要求逻辑严谨的哲学来说，比喻往往只是起到一个"引子"的作用，并不是理论的展开和说明。毋宁说，比喻更多是在提供一种"案例"，可以用来考察或检验理论。特别是当人们需要把一种理论或一个观点还原到它的生活实践基础，或沿着理论的思路推演生活实践进程时，比喻就显出它比就概念说概念有更大的优势，有更强的说服力和更充足的人情味了。当然，前提是这些比喻必要而贴切，能够充分呼应所要讲出的正面道理，而不是牵强附会的比附，更不是回避问题的调侃。正因为如此，历来的大家们所使用过的比喻，无论多么浅显机智，也无论多么尖锐苛刻，往往和他们的思想本身一样有魅力，甚至成为更易于被人发现的"亮点"，成为流传得更广泛长久的"典故"。

有人根据这些大家们的特点，总结出做学问的品质和境界："浅入浅出是没学问，浅入深出是假学问，深入深出是小学问，深入浅出是大学问。"这或许是说，越是深刻而丰富的思想，越是可以充分地"接地气"吧！

受这些大家们的启迪，我在科研和教学中，也力求及时恰当地运用比喻形式，一方面考验自己思考的清晰程度，一方面把理论思考中的疑点暴露充分，把内含的问题分析透彻，把应有的结论锤炼结实。多年来，这种努力的效果似乎还可以。许多学生和学友对我的比喻饶有兴趣，并经常提起。后来他们提出，不妨把这些比喻汇集起来，印制成书，供大家把玩和批判，也算给空玄枯燥的哲学增添一点乐趣。碰巧，老朋友、中国青年出版社的王瑞副社长来我这里搜刮题材。他对这个动议很感兴趣，并积极敦促我们把它完成。于是，用了不到一年的时间，就有了读者面前这本颇显"另类"的"哲学著作"。

参加本书撰写的有：李德顺（木卫一）、孙美堂、黄凯锋、颜天民、冯小平（雷冠）、胡波、田力男、潘于旭（石朋）、赵章彬、尹岩、倪寿鹏（天倪）、鹿林、古琳、杜平、赵立伟、王敏、王俊博、闫莉、黄亮、温泉、党妙、王杨、陈阳、苗光磊、王金霞、曹融、吕建伟、卫霞、宋晨翔、李霞、胡海涛、牛婷婷等。每个人的名字都署在文章的后面了。他们大多是我过去在中国人民大学、中国社会科学院和现在中国政法大学带过的硕士、博士研究生和博士后，也有几位是不在其列的"志愿者"。他们都是根据自己的兴趣，从我用过的比喻中选择题目，然后按自己的体会写。我做了一些统一文章体例和格式等方面的统稿工作。这些作者大多分散在全国各地，在繁忙的工作之余，抽空写作。我从他们的劳动中，除了收获温情和感动之外，也体验到了大家对学术和思想人生的追求与关爱。这让我觉得无比荣幸。

李德顺
写于 2017 年 12 月 4 日

第 1 辑

×

思 辨 篇

"小马过河"出了什么真知

"价值论"这个最新的哲学基础理论出现以后，"价值"这个词就逐渐热了起来。大家都很乐于提起它，使用它。但是，也有很多人对"价值"是什么并不很了解，甚至还有许多疑惑："价值"这个词与已往我们所熟悉的哲学术语有什么关联和异同？价值怎样发生？它在哪里？使用"价值"这个词，对于我们的生活意味着什么，究竟有什么意义……

为了简捷形象地回答种种疑惑，帮助人们进入价值思考所需要的情境，我们不妨借用一个在国内流传已久的幼儿故事——"小马过河"，来说明"价值"现象的特质和意义。

这个幼儿故事讲的是：小马要过河，先去问河水深不深。松鼠说"很深"；老牛说"很浅"。小马感到为难时，妈妈对它说："你自己走一下就知道了。"于是小马亲自实践了一番，结果发现河水既不深又不浅……

故事很经典。一向重视对孩子进行"高、大、上"教育的出书人，还不忘在故事的结尾提示了一个哲学的真理：这个故事告诉我们的是"实践出真知"。

"实践出真知",这个观点无疑是正确的。可以说,它代表了我们的传统哲学所倡导的思维方式,以及用这种思维方式所能得到的唯一正确的结论。但是,这个结论只是在价值论出现之前,仅仅从认识论角度得出的结论,还不是对问题达到全面掌握的完整结论。如果我们针对"小马过河"这个故事所涉及的主要问题和整个过程,包括松鼠、老牛、小马和其他所有人的实践,进行反思,还需要进一步回答的一个问题是:

"小马过河"的实践,究竟出了什么真知?河水究竟深不深?

往下再追问这一句,就可能引出大麻烦来。因为,如果你是实事求是地按照实践的效果和经验来回答,那么结论就可能是:"河水深不深,看对谁而言。"也就是说,看过河的对象个子高矮!——这个结论,就哲学价值论而言,是它的一个核心观点:价值是主体性的,是"因人而异"的。

然而,这个结论对于传统思维方式来说,却显得有点离经叛道、惊世骇俗了。有些人会想:这算是答案吗?而略有哲学素养的人,则会立刻联想起"唯心主义""主观主义""相对主义""个人主义""实用主义""虚无主义",等等,会有 N 多顶帽子戴在这个可疑的结论上。当然,所有这些质疑,最终也都抵不过我们的一个人生常识:实事求是。

那么问题在哪里呢?问题就在于我们是否真正注意到了"价值"现象的本质和特性。因为"小马过河"这个故事,讨论的是"河水深不深(深浅)"而不是"河水有多深(深度)"。问题的关键就在这里。要知道,"深度"与"深浅"是不同的概念。"深度"是描述词。如果问深度，无论松鼠、老牛还是小马的回答，都要反映对象的事实，那么正确答案应该是一致的：水深一米就是一米，半米就是半米，不能有多种说法。而"深浅"并不是描述词，它是价值词。作为价值词的"深浅"，即含有了"对于过河者来说是否安全"的意思。正因为如此，松鼠、老牛、小马的判断才不一样，而且可能都是"正确"的。

和"深浅"一样，我们生活中的语言，必然有很多是价值词，并不全是描述词。例如"长短"之于"长度"，"冷暖"之于"温度"，"软硬"之于"硬度"，"轻重"之于"重量"，等等，它们都是价值词之于描述词。

再放大来看，相对于我们生活中描述意义上的"有无、真假、动静、虚实、彼此"等语词来说，"好坏、善恶、美丑、利弊、得失、福祸、荣辱、重要不重要、值得不值得"等，都是价值词。而所有的价值词的内涵，都是说明客体对主体的意义，即反映客体属性与主体尺度的关系状态。一个事物好不好，不是事物本身的存在，而是表现在它与主体的关系中，并且必须以主体的需要和能力为尺度，才能确定它有什么意义。就是说，客体有什么价值，总是"因人而异"的，即实际上取决于主体。在哲学上，这就叫作"价值的主体性"。

再进一步说，如果知道了价值本性的奥秘在于人的主体性尺度，而人作为主体的存在又是极其丰富、多样、时刻在变化着的，那么，我们观察人类生活就会找到一个新窗口，在人与世界、人与人关系的领域就会发现一个新视角，我们的思维方式就会发生一个新飞跃，我们的人生追求就会有一个更加自觉和自由的新境界。因为它也是人的价值实践所出的一种新的"真知"。价值哲学的意义和魅力，就在这里。

从这个例子可以看出，虽然哲学一直告诉我们"实践出真知"，然而当人们忙于实践的时候，却往往满足于眼前所得，不大注意出了什么真知；当人们自缚于书本或脑子里现成框框的时候，则会对生活实践视而不见，只觉得真知尽已在胸，不大相信有新的真知出现。

但是，面对当今人类风生水起、一日千里的变化，面对中国现代化这样重大而复杂的历史性实践，我们是否能够读懂它，是否善于从中获得一些新的启示，却是不能不下大功夫的。这里不仅需要有"不唯书，不唯上，只唯实"，实事求是的决心和勇气，还需要真正掌握一点哲学这门"爱智之学"的方法和境界，绝不是喊喊"实践出真知"的口号就行的。换句话说，只有通过实践，才能让"实践出真知"成为真知。所以我们应该喊出一句口号：

让"实践出真知"成为真知！

（木卫一）

"信息"不是一个东西

在生活中，我们天天跟信息打交道，没有信息寸步难行。自己既可能是某条信息的发出者，也可能是某个信息的获得者，更可能是一些信息的载体和传播者。信息的形式多种多样，那么信息本身到底是什么？作为权威人士，控制论的创始人维纳说："信息既不是物质，也不是意识。"这句话让很多人大伤脑筋：世界上怎么会有既不是物质也不是意识的东西呢？那它究竟是啥？

困惑起源于人们关于一个对象"究竟是啥"的理解和期待之中。按照传统的思维习惯和哲学信念，我们问一个对象"是啥"的时候，内心的理解和期待，总是想知道它是一个怎样的"存在者"，即哲学上的"实体"，或俗话所说的"东西"。而且我们确信，世界上所有的存在者，最终无非是两样：物质和意识（正因为如此，说信息既不是物质也不是意识，就很难让人理解和信服了）。这其实是一种只知道有"存在者"，却不知道何为"存在方式"的"实体主义思维"。

以发现"信息"现象为代表的科学进展，却对这种传统思维发出了挑战，告诉人们：这个世界的存在，不仅是由存在者（实体）

构成的，也是由存在方式（关系）构成的。有些现象，并非是某个独立存在者的显现，而是存在者之间相互联系和作用的显现。信息就是这样的一个典型。

信息论的起源，据说也与"二战"期间解决无线电通信中的一个难题有关——通信中总是无法排除某种噪音干扰，它究竟来自何处？对于这种噪音干扰的追踪研究，使科学家发现了宇宙背景辐射的存在，由此揭开了天文学研究的新篇章。就是说，在通信中成为"噪音"的宇宙射线，在天体物理学研究那里，却是一个十分宝贵的重大"信息"！

信息论把信息的本质界定为一种相互作用的关系和效果：信息，是通过物质或能量的传递（相互作用）消除不确定性，反之则是噪音。无论在自然界还是人类社会，从"信源"发出的物质和能量，经过"信道"传递给"信宿"，并消除信宿方面的不确定性，这是信息的完整过程。在这个过程中，信息并不是作为"信源"的实体本身，也不是它所固有的不变属性，而是"信源""信道""信宿"，或"物和物""物和人""人和人"之间，相互关系、相互作用的过程及其效果。所谓"效果"，就是指是否在信宿那里"消除了不确定性"。

在高仓健电影《辛福的黄手帕》中，有这样的情节：勇作出狱时，给妻子光枝寄了一封信，告诉她自己出狱的消息。他非常想知道她的情况，并约定，如果她还是一个人并且还在等着他，就在他家门前的杆上挂一面黄手帕。如果没有黄手帕，他将永远地离开。一路上，他忐忑不安地期盼着尽早见到她，却又担心看不到黄手帕。对于从他家门前路过的人来说，一般不会注意到黄手帕的"信息"，更不会理解它的价值。而对于勇作来说，这是一条命运攸关的"信息"。

当然，如果约定挂其他颜色的手帕，也是一样的。区分"信息"与"噪音"的标志，不在于发出、传递和接收的物质与能量，而在于它所负载的内容对于"信宿"的意义：是否回应了勇作的悬念，消除了勇作心中的"不确定性"。

同一个事物及其表现，在此为信息，在彼却为噪音。造成这种效果的根据何在？事实是，"信宿"一方如何，成为决定信息与噪音之间相互区别的根据。由此可见，信息并不是一种"东西"，而是事物之间的这样一种"关系态"或"关系质"：通过相互作用，在接受作用那一方产生了怎样的效果和意义。"效果和意义"是不能固定形状、称斤论两的，也不是瞬间永恒、一成不变的，它总会随着关系项的构成和关系状态的演进，而随时呈现多种多样、变幻无穷的面貌。

信息的这种本质，表明世界万物的存在，都与存在者之间的相互联系和相互作用分不开。"关系"是世界万物"存在"的普遍方式。实体总是作为关系项而存在。对于具有特定"关系"质态的现象，我们要用"关系思维"去把握。"信息"和"价值"都属于这样的"关系质态"，因此更需要我们用"关系思维"去把握。

相互作用产生"信息"，这一现象在自然界已经具有普遍性，到了人类特有的关系体系中，它就成了"价值"。可以说，"信息"是形成"价值"的自然基础和前提，"价值"是人性化、社会化的"信息"体系。作为世界和人的普遍存在方式的表现，"信息"和"价值"的存在论基础是一回事。

（陈阳）

"花香"与"鼻子"

人们常以为，事物的"价值"归根结底在于客体本身和它的属性，因此不理解或不承认价值是一种"关系"现象。他们总爱提出这样的问题："没有任何鼻子去嗅它时，花的香味是否存在？没有花这一客体的属性，能有'香味'的价值吗？这与鼻子何干？"

断言"花香与鼻子无关"，实际上是未注意到，"香味"一词，原来是有两种不同所指、两个不同含义的。

"香味"是给一种特定的气味、味道所约定的命名。自古以来，人们凡是嗅到或尝到某种味道，大家就用"香"来表示，作为一种识别的符号或标志。我们通常说某物"有香味""很香"，例如说"米兰花很香"的时候，实际上可能包含着两种不同的意思。

一种"香"，是个价值评价概念。作为价值判断词，"香"是指"令嗅味者身心舒畅、愉快"的感觉和效果。因此说某物"是香的"，其中就含有肯定、欣赏、赞美的意思。在这种情况下，"香不香"是和"好不好"一类的。对绝大多数人来说，花粉的气味分子能使人感到身心舒畅，因此"花香"意味着一种美、好、正的价值。

既然香是"令嗅味者身心舒畅、愉快"的，那么当然就一定和"鼻子"（评价主体）有关了。因为在这里，"香不香"本身就是指在主体那里引起的效果。若是"鼻子"根本就不通，失去了嗅觉，也就不会享受到花香了。我们生活中遇到需要辨别气味、味道，特别是强调人们不要"香臭不辨"的时候，用的多半是这种含义。

另一种"香"，则是一个现象描述概念。科学研究越来越证明，"香味"是与某种化学成分、某种气体分子的存在相联系的客观现象。这种意义上的"香"，虽然仍与人类的嗅觉相关，却只是指客体固有的属性。就是说，不管有没有谁的鼻子去嗅它，也不管人们喜不喜欢它，只要这种分子、成分存在，它就是"香"的。这里不涉及好坏价值判断。就是说，"香"并不意味着会"使人愉快""使鼻子舒服""对人身心有益"。例如，化学上有一种成分为"芳香烃"，是指含有苯分子结构的化学基团，它有一种类似花香的香甜味道。但芳香烃绝不是"使人愉快"的东西，事实上它对人体来说是有害的。所以在这种意义上，香味确实与任何"鼻子"无关。

区分了"香味"的评价性和描述性两种含义，就可以注意到：有香味等同于"好闻、好吃、有益"，其实是因人而异的。"香"的东西，虽然对于大多数人来说，确实就是"好闻、好吃"的东西；但对于少数特殊的人，例如失去嗅味觉的人来说，就没有同样的效果；而某些患特殊疾病的人，甚至还会因接触花香粉分子而发生恶性反应。同样，"臭"的味道也与"难闻、难吃"并不等同。我们都知道，世界上有许多人喜欢吃榴梿，吃臭豆腐，甚至"炸臭豆腐"还是绍兴的一个名品。

总之，"香""臭"作为一种价值现象，它本身是主客体关系的产物。它离不开主客体双方的相互作用，但最终要表现在主体一方的反应，而不是由客体一方注定带来的效果。价值，就是这样作为主客体关系的主体性内容而存在的。一切价值判断都是如此。

在"无人欣赏过的花，是美的吗"这个问题上，答案也是这样的。

（卫霞）

罗素的比喻为何错了

伯特兰·罗素（1872—1970）是享誉世界的英国哲学家、数学家、逻辑学家和社会活动家，1950年诺贝尔文学奖获得者。罗素与弗雷格、维特根斯坦、怀特海等一起，被认为是分析哲学的创建者。总之他是一位了不起的大学者。但就是这样一位大学者，在学术上有时也会由于固执成见而出现不应有的纰漏。

事情是这样的。罗素把自己的哲学叫作"逻辑实证主义"。逻辑实证主义的最根本原则，就是坚决贯彻科学的"实事求是"精神。罗素说："我隶属的哲学派别一向坚持把（实事求是）这种美德引入哲学。"① 但是，罗素虽然承认"美德"是一种价值，却否认对"价值"也有实事求是地加以研究的必要和可能。因为他认定，价值问题只是人的情感问题，而"凡是能够知道的事，通过科学都能够知道；

---

① 【英】伯特兰·罗素：《西方哲学史》下卷，商务印书馆1982年版，第397页。

但是那些理当算是感情问题的事情却是在科学的范围以外"①。于是他反复强调"科学不讲'价值'",并且怀疑那些试图用科学和哲学的方法研究价值的人,是违背科学的,是在借哲学之名瞎忽悠。

被罗素认定瞎忽悠的人,主要是美国的实用主义者。因为实用主义感兴趣的,正是"有用无用、好坏得失"这类价值问题,并就这类问题发展出了一大套实用主义哲学。例如,实用主义哲学的"集大成者"约翰·杜威(1859—1952),就提出了一种"工具主义"的主张,认为知识和真理都是人类追求价值的工具。罗素对这套"先考虑效果再判明意义,把对存在和事实的认识仅仅当作工具"的方法和主张,抱有极大的反感,坚决予以否定。为此,罗素用了一个尖刻的比喻加以嘲讽。在他的名著《西方哲学史》中,这个比喻是这样的:

> 一个有关已往某事件的信念该划为"好的"或划为"坏的",并不根据这件事是否真发生了,却根据这信念未来的效果,这一来结果便妙了。假设有人对我说:"您今天早晨吃早点的时候喝咖啡了吗?"我如果是个平常人,就要回想一下。但是,我如果是杜威博士的徒弟,我要说:"等一会;我得先作两个实验,才能告诉你。"于是我先让自己相信我喝了咖啡,观察可能有的后果,然后我让自

---

① 【英】伯特兰·罗素:《西方哲学史》下卷,商务印书馆1982年版,第395页。

己相信我没有喝咖啡，再观察可能有的后果。①

在这个比喻中，杜威的工具主义是否显得极其迂腐可笑？然而，当你细看罗素的比喻时，却可以发现，他在偷换命题！

因为，分歧的焦点，是关于一个事件"好坏"的信念及其检验问题。这原本是一个价值命题。若按照价值命题的逻辑，这里的比喻和设问，就应该是"早餐时喝的咖啡是否可口"而不是"喝了没有"。罗素将它设计成"早餐时喝咖啡了吗"，使之变成了"一个事件是否发生了"的存在与事实命题。这就转移了命题，或者说偷换了概念。

"有无"问题与"好坏"问题之间，是有实质差别的。假如罗素不是无视而是正视了这个差别，并且注意到，问题本应该是"咖啡是否可口"而不是"喝了没有"，那么他要实事求是地回答问题，恐怕也就难以回避被他嘲弄的"实用主义"了。因为在实际生活中，人们必然是这样的：首先确认对方在早餐时喝过了咖啡；然后请他回忆一下喝过咖啡以后的体验，爽不爽口；最后据此来陈述"咖啡是否可口"。这样的一条思路和过程，应该说，非但不显得那么肤浅和迂腐，反而更加是"实事求是"的吧！

实用主义当然有自己的毛病和局限，但罗素的这种批评，非但未能击中其要害，反而暴露了自己的缺点。对价值问题本身及其特点的轻视和排斥，使罗素未能敏锐地发现对方所提出和表达的某

---

① 【英】伯特兰·罗素：《西方哲学史》下卷，商务印书馆1982年版，第385页。

些新视角、新观念，固守成见，使他的批判性思考终究未能自我超越。这是不能不令人感到惋惜的。

历史和实践最能够检验理论的分量。虽然逻辑实证主义在西方学术界称霸多年，但实用主义却在美国发挥了更大作用。美国之所以能够迅速成长为世界第一强国，与这一时期实用主义成为其"国家哲学"，是有着密切关系的。

（木卫一）

"左右"并非长在马路上

据传，民国时期山东省主席韩复榘在齐鲁大学演讲时说："蒋委员长的新生活运动，兄弟我举双手赞成。就一条，行人靠右走，着实不妥。大家想想，行人都靠右走，那左边留给谁呢？"韩复榘的这个疑问，虽然看起来很可笑，但它代表了一种普遍性的思维方式，这是由来已久、平常不易觉察的。

交通规则中的"左侧、右侧"，当然是依行进者（人、车）行进方向上的左右确定的，而不是说马路本身固有的。这种道理，对于任何实践（行进）者来说，都不难领会。但对于具有脱离实践、专抠概念的思维习惯的人来说，却总有想不通的理由。"想不通"是因为，在某种习惯的传统概念中，人们遵循的往往是"实体（属性）思维"；而在实践中，人们还需要有一种"关系思维"。

"实体思维"习惯于把一切都看作是对象、客体本身固有的存在和属性，而缺乏关系意识和主体性视角。比如，说到交通规则中的"右侧通行"，它就觉得，既然是在马路上行走，那么"左右"就应该是固定在马路上的，不以行人的走向为转移。而"关系思维"则看到，虽然"左""右"是指马路上的一侧，但"右侧通行"是对行人与行人、行人与马路之间关系的规定。这一规定中的"左""右"，是以行者的行走方向为标准，要求行人自行把握自己在马路上的方位。所以说，交通规则所应用的，是一种主体性的视角。

"实体思维"原本是一种以客体为中心的视角。它在以认识世界、追求真知和真理为单纯目的的过程中，确实完全正确，而且是非常重要的一个原则。但是，如果只承认实体而忽视实体之间的关系（相互作用），以为世界上只有实体和它的属性才是真实的客观存在，所谓"关系"和相互作用并无真实存在的意义，那么这就是一种落后的甚至错误的观点，因为它用"存在者"代替了"存在（方式）"。用"存在者"代替"存在（方式）"，就势必不能真正把握存在，特别是不能把握人类特有的存在方式——社会实践，不能真正懂得人的活动所特有的客观规律。以为"左右"可长在马路上的，就是源于这样的传统成见。

"实体思维"的固化，往往表现在总想把关系还原、归结、想象为某个特殊的实体，犹如当初对于"燃烧"这一现象，那时人们还不知道它是"氧化还原反应"，而是把它想象和归结为，木头中含有的一种特殊物质即"燃素"，释放出来的过程。

更典型和普遍的是，谈到"主体与客体"这对范畴时，"实体思维"总是首先想到"主体"无非就是"人"，"客体"无非就是"物"，再无别的所指，因此就仅仅在"人与物"的意义上理解和使用"主体、客体"，并认为世界就是一个"主客二分"的世界……于是，思考就总是回到"人与物""人与世界"甚至"主观与客观"的老框框里去，看不出把它们叫作"主体与客体"之后，究竟是一种什么视角，带来了什么新意，有什么必要。

主体与客体不是一对实体范畴，就像左右不在马路一样。人不是天然的主体，物也不是天然的客体。只是在对象性行为发生的过程中，作为行为者的人和受动者的物才分别以主体和客体的身份被确定下来。所以，主体和客体并不意味着它们是实体自身。

"主体""客体"这对概念，仅仅是指作为人类实践活动两端的实体（作为活动者的人与其对象）在这一对象性关系中的地位，并不包含关系和地位以外的含义。主客体之为"体"，表明它们是"关系中的实体"，重在强调关系双方在这里具有独立的现实性和完整性，即主体和客体作为现实的存在者，必须是具有自己的全部属性和要素的整体，不可以把它们化解成其中的某些片面要素或抽象特征。主体与客体身份地位的确定，也只有在具体的关系中才成立。

我们不会因为"丈夫"一定是个男人，"妻子"一定是个女人，就把男士一律叫"丈夫"，把女士一律叫"妻子"。"丈夫"和"妻子"只能是指一定婚姻关系中的男女。不在婚姻关系中，男人仍是男人，但不是丈夫；女人仍是女人，但不是妻子。没有妻子的男人就不是丈夫，没有丈夫的女人就不是妻子。这里称呼上表达出来的概念差别，并不是个简单的语言和符号游戏，而是联系着现实社会关系中具体人的具体权利和责任。这种社会关系中的权利和责任，才是夫妻概念所特有的内容。

同样，我们也不能设想没有主体的客体和没有客体的主体。正像没有对手的竞赛不是竞赛，既没有胜者也没有负者，有的只是运动员和场地一样，没有人和人对世界的对象性关系，就既没有主体也没有客体，有的只是世界。主客体概念所特有的内涵和意义，正在于它们是一对对象性关系范畴，而不能混同于任何实体概念。这和理解马路上的左和右有类似之处。

对于关系范畴一定要从关系思维的高度来把握，才能准确地理解和使用。否则，就可能使那些来自实践并且内容深刻的哲学范畴，蜕变成思想贫乏的话语重复，或文字游戏的简单道具。

把握关系思维及其概念应用，是我们走进当代哲学前沿的一个窗口。

（温泉）

先有鸡还是先有蛋

　　"先有鸡还是先有蛋"这个问题似乎已经成为了一个经典难题。人们常常在为某事争执不下的时候，就说"这是个'先有鸡还是先有蛋'的问题"。言下之意，是说这个问题会导致恶性循环，最终无解，因此只能不了了之。

　　为什么这样一个浅显易懂的问题，会变得无法解决呢？是因为在逻辑上，这里存在着一个由于概念的自我相关而形成的悖论：在我们常识的语境下，这里的"鸡"一定是卵生的，只能是鸡蛋中孵出来的；而这里的"蛋"，也只是指"由母鸡所生的蛋"；于是，"鸡生蛋，蛋生鸡"就成了一个封闭的链条，在无限的循环中，无法找到它的"起点"了。

　　这种因概念自我相关而产生的逻辑困惑，古已有之。古希腊哲学家亚里士多德在他的《形而上学》中，就对这个问题感到困惑："这世间不可能有一人生来无有父母，这一切都是与自然规律不符的。所以，不可能存在着第一颗能够孵出鸟的蛋，因为蛋是由鸟下出来的，反之亦然。"他最终得出的结论似乎是，无论是鸡还是蛋，这两者都必然是一直存在着的。之后，科学界、哲学界都围绕此命题进行过系列考察、推演，多数却陷入无限循环思维的泥潭。

"先有鸡还是先有蛋"这个问题，在生物进化史上是一个真问题吗？如果是而又无法解决，那么就不可能有今天的"鸡"和"蛋"的存在，因此也就不会有这样恼人的问题出现了。而它们今天之所以存在，并且被看出了"问题"，那一定是由于，这个问题在生物进化的历史上已经解决了，它并不是一个真实存在过的障碍。因为，"进化"本身就意味着，物种之间并不是静止的、抽象的、绝对的"非此即彼，有此无彼"的关系，而是一切都在变化中，有很多"非此非彼，亦此亦彼"的环节，才造成许多物种"从无到有，从有到无"的存在。这种进化史的思考，才是走出"鸡蛋困境"的出路。

在生物的进化史上，我们可以这样猜想"鸡"和"蛋"的关系：它们曾经历过一个进化的过程，其中有多种可能的方式。譬如，最初是有一种非卵生的鸟儿，后来逐渐进化为以卵生方式进行繁殖，从而有了今天的生蛋的鸡。或者，最初有一种卵生的鸟儿，它孵出来的原本不是鸡，后来由于自然选择或人工选择，逐渐进化才孵出了现在的鸡……总之，无论鸡还是鸡蛋，都不是一开始就有，并且一次定型、一成不变的，而是历史地过渡、演化出来的。

逻辑上的问题，我们可以这样用逻辑来回答。至于这个演化过程事实上是怎样的，则应该由鸡和鸡蛋发生史的专门研究来说明和证实。要请专家拿出结果和答案来，非此不得妄言。但不管怎样，我们应该注意到，"先有鸡还是先有蛋"这个问题，并不是客观世界本身的问题。也就是说，使它成为人之困惑的，不是鸡和蛋本身，而是人的脑袋。

值得普遍关注的是，关于"鸡与蛋谁在先"的讨论，触及了我们思维模式中的缺点，即脱离实际的抽象化想象。黑格尔说过：当思维与现实发生冲突的时候，出毛病的总是思维这一方。因为人类概念的思维还有三个毛病或弱点有待克服：第一个是抽象性，经常舍弃掉了具体去追求一般，然后用一般代替具体和个别；第二个是隔离性，在事物本身那里浑然一体的各个方面、各种性质，逻辑思维却不得不把它们分隔开来，一个一个地分别加以概括和研究，彼此可以不相关，这就容易"只见树木，不见森林"；第三个是凝固性，因为抽象与隔离，有一些概念就要静止凝固起来，于是就缺少了历史感。因此，当人们把现实的东西用抽象的、隔离的、凝固的概念分解了，然后又固守这种分解，那么要想再回到真实的历史和实践中，用语言和逻辑表达这个活生生的过程时，就出现了障碍。"鸡与蛋"之类的悖论死结，就是这样产生的。

可见，我们需要一种新型的思维，即"历史的"或"动态的"思维，或叫"历史实践思维"。实践是人类特有的对象性的感性活动。人类特有的生命存在方式是社会实践。马克思的实践唯物主义哲学告诉我们：凡是把理论导入神秘主义方面去的神秘的东西，都应该在实践和对实践的理解中得到解决等等。[①]理解事物，如何把它动态化、历史化，像历史和现实生活本身那样，是一个极高的思

---

① 马克思：《关于费尔巴哈的提纲》，《马克思恩格斯选集》第1卷，人民出版社2012年9月版，第133—136页。

维境界。

　　所以说，在"先有鸡还是先有蛋"这个问题面前，真正困惑的，不是鸡和蛋，而是脑袋。

　　　　　　　　　　　　　　　　　　　　　　（黄亮）

头撞墙上谁之过

一日，李老夫子往学堂讲学，见两书生辩斗，问其故。

甲书生云："乙行，头撞墙上，乙谓墙之过。依鄙之见，此乃乙之过也。"

乙书生云："非也。吾持唯物主义之论。物质第一性，意识第二性，物质决定意识，客体决定主体。墙乃客体，我乃主体。吾头撞墙，岂非墙之决定吾乎？"

甲书生云："墙在彼处，固是客观存在。然汝有意识，或可绕墙而行，或可翻墙而过，必要时亦可拆除碍事之墙。今汝如此以头撞墙，岂非汝之过乎？"

乙书生云："然'物质决定意识'之定论，如此便可动摇乎？汝不知哲学，乃有'主体决定客体'之嫌，此非唯心主义之论乎？"

甲书生云："然则，即汝所言之'唯物主义'，当如何追究墙之责任？又何以总结经验，立规定则，以教喻众生，杜绝撞墙之患？"

乙书生笑云："依吾哲学所见，事物本质之暴露须经一过程，吾等认识其本性亦须经一过程，此乃认识论之规律。于此规律中，吾头撞墙，不过是小事一桩，权作'交学费'之用便是，从此吾知头之不可撞墙矣！"

甲书生大笑云："好一个'交学费'！以头破血流之痛，只换得如此'头不可撞墙'之空洞见识，阁下哲学之高妙，技止此耳！"

乙书生云："然哲学之深奥，自有其逻辑，非汝等可轻视之矣……"

夫子听罢，笑曰："二子之辩，颇具时代风采。20世纪八九十年代，我国哲学界确曾有过如此之辩。时尔年幼，未及参与也。"

二书生云："愿闻其详。"

李老夫子云："时围绕如何总结以往'左'之教训，哲学界有人倡言，应高度重视人及人的主体性问题。多人以为，宜以人为出发点，以'弘扬人之主体性'为要，从此端正吾辈之思想路线；有人则谓不可，昔日之错误，盖因主观能动性太强、主体性弘扬太过。且曰，如若昔日错误所致之损失，权作'交了学费'，则自今起更宜强调'尊重客观，认识规律'，而非'弘扬主体性'是也。辩之者则以为，昔之'主观能动性太强，主体性太过'者，实乃少数个人和领袖意志，非全党与广大人民群众。而全党与广大人民之主体性，其时则受压抑……

"如此继续争之，你来我往，涉及理论和实践之问题便会愈来愈多，愈来愈深刻。但若概言之，此争双方之理论与逻辑，与汝二人'撞墙之争'颇有相似之处。"

二书生云："敢问夫子，此争之结果如何？"

李老夫子云："理论之争，向无裁判以决胜负，惟以历史和逻辑为检验之器。理论者固可坚守推进自己之思路，继续加以思考论证，如是而已。然以吾观之，虽各有其道理，但其高下也已可见。如汝（乙书生）所言似不如其（甲书生）更有理有力。"

乙书生云："何以见得？"

李老夫子云："汝不自察己之逻辑，其实是在努力'使事实服从原则，使观点迁就立场'乎！汝坚持唯物主义固然无错，然汝所知之'唯物主义'本身是否科学、彻底、合情合理？对此是否曾有验证及反思？"

甲书生云："如此说来吾胜矣？果然！"

李老夫子云："且勿得意！汝虽言中解此争论之方向，然又须以理尽而行。"

二书生惊云："除方才所言，还有何道理？"

李老夫子："汝二人之争，症结亦多在此。且听我慢慢道来。此类争论之中，皆有若干基本概念未及时澄清。如'存在决定意识，存在第一性，意识第二性'，此乃哲学唯物论之定理，固然无错。然则，岂可由此轻率推论，且将其套用于墙与人之关系，乃至于断言'墙第一性，人第二性，人乃墙派生也，墙决定人'乎？！"

乙书生云："然则何如？"

李老夫子云："此中有三对基本范畴素来易被混淆：存在与意识、客观与主观、客体与主体。

"如彼墙者，作为客体，固然是一客观存在之物；然何为其'第二性'之产物？惟人脑关于墙之意识，而非此时面对此墙这整个人也！唯物主义之说，仅此而已。岂可即由此进一步断言：汝（乙书生）乃第二性者，是第一性之墙所派生乎？盖因人之对象性意识，只是人头脑之部分活动，并非人之存在之全部也！人皆其父母所出，非物（墙）所派生也！

"可见，'存在第一性'本已包括人（主体）之存在的第一性，亦即人之存在对于人之意识的决定性。汝之撞墙，岂非由汝之意识（如何看待墙，以为自己如何）决定乎？而汝之此等意识，岂非汝于长期生活（存在）经验中所习得（决定）乎？撞墙后汝之头破，岂非汝肉身之客观存在之本性乎？凡此种种，难道皆非由汝，却是由墙所一应设计出来的？"

甲书生云："如此则我代墙疾呼冤枉！"

乙书生云："吾明矣。并非只有外部事物、客体才是客观存在；现实的人并非只有意识，更有自己的客观存在；故主体不等于主观，物质决定意识不等于客体决定主体。昔吾未分清此中界限，故在实践中皆偏向外部之原因，凡事归因于对象、客体。一旦犯了错误，遭遇挫折和失败，则将权利和责任一并推给外因，仅能自认'交了学费'而已。如此不得要领，故不得收获真正反思与提升之功效，总是'学费交了不少，见识长得不多'。"

李老夫子笑曰："善哉！生活中'撞墙'之事时有发生。但愿吾等学会从哲学思想方法高度上辨识得失，总结经验！"

（王敏）

为何情人眼里出西施

美女有固定不变的标准吗？中国传统相声中有一段《美人赞》，提到古代"四大美女"的风格："狠妲己，笑褒姒，病西施，醉杨妃。"似乎每个都很美，却彼此大不一样，各有各的长相和姿态。接着捧逗双方开始讨论美女有什么样的标准。其中，捧哏演员提到传统公认的美女标准，是"柳叶眉，杏核眼，樱桃小口一点点，通关鼻梁，不笑不说话，一笑俩酒窝，说话燕语莺声，杨柳细腰赛笔管"。结果被逗哏一方一一驳倒，如嘴大也有美女等，然后又用夸张的方式，描述了樱桃小口吃面条时的窘态，让人忍俊不禁，反而觉得那些已不美了。再反观古代"四大美女"的行迹，"狠妲己"之恶毒，"笑褒姒"之误国，"病西施"之无奈，"醉杨妃"之狼藉，让人反倒觉得审美是一种可疑的残忍，更接近于怪丑可怜了。这个段子经马三立、侯宝林等相声艺术家演绎后，曾广为传诵，引发了关于"美"的思考。

审美究竟是一种什么样的感受？美学研究表明，"美"是对象唤起人的一种无私愉悦感和自由创造感的价值现象。就是说，美是这样的一种现象或境界：主客体之间达到高度的统一与和谐，人从对象那里充分体验到生活的健康和积极内容、人生的意义和乐趣、人的自由和创造的力量，从而感到身心舒畅。从形式上看，美的形式可以是无限多样的。当你对不同形式的"美"发出赞叹时，可能并未意识到自己的身心正进入一种自由的状态，这就是美的魅力。当你"被赏心悦目的、诗意的魅力环绕着"时，美就"以迷人的微笑吸引着人的整个身心"，使你沉浸在忘我的境界中。你的内心得到了净化，思想得到了陶冶。美的魅力可能来自对世界、人生真善的发现，也可能来自对生活的热爱、信赖和追求。美之所以能够陶冶、塑造人，是因为它来自人的自由与追求。

价值哲学告诉我们，一切价值都不是对象物本身所固有的，而是对象和主体之间的关系的质态。美更是如此。在生活中，我们常常能够对真的、善的事物产生美感，而虚假和恶劣只会使人觉得丑陋。美感是人超越了被动反应和功利计较，发现并体验到了自己生活中积极的、健康的、充分的和谐与自由时，才会有的一种高级的满足感。人的审美需要及其满足，是对自由地享用和创造的一种感受。所以，越是热爱生活、致力于创造美好生活的人，越是能够发现并感受到美。

人们常说"情人眼里出西施"，说的是情人对自己所爱之人的评价。对自己所爱者越看越美，越看越爱看，并不依什么统一的审美标准为转移。为什么会这样？因为这是"情人"的眼睛。评价者永远不可能以一种绝对超然的心境来对待客体，他总会持有一定的态度，怀着一定的情感去对客体进行评价。在审美过程中，对象自身的颜色、线条、形状等感性形式固然是前提和基础，但审美主体的情感、趣味也十分重要。审美体验的产生绝不是一个简单的刺激——

反应的过程，主体的审美心理、习惯、趣味、喜好等都参与了进来。如果把对象的线条、颜色、形状等看作是既存的东西，那么主体的审美态度就好比是摄影时的辅助灯光。灯光投射的角度、亮度不同，显现出来的"形象"，在审美者心中形成的"形象"，也就有所不同，由这个"形象"唤起、引出的审美体验自然也会不同。

既是情人，那就是已产生了爱情；而爱情往往与在对方身上看到了自己所珍惜和向往的东西，在对方那里感受到生活的美好、和谐与温馨分不开。也就是说，对象的"形象"与自己的心灵之间产生了契合、适宜、和谐的关系，所以才会觉得对方是美丽的、善良的、可爱的。这种态度和情感，又像是一面过滤镜、一种有色眼镜，它放大了对象的某些方面，又掩盖了某些特征，使美的方面更美，并淡化和消减了不美的方面。总之，情人眼里所看到的，正是他希望看到的，是经过他的情和爱所"美化"了的东西。

当然，这里探讨的是某种特殊的典型化了的情况。现实生活中的评价并非都这么典型，具有这样强烈的情感色彩和效果。但无论如何，情感态度在评价中起着重要的作用则是毫无疑问的。某人喜欢一个人或一种事物，就会觉得他（它）很顺眼，看到的多是其优点和长处；而在讨厌一个人或一种事物时，则会觉得他（它）处处不顺眼，看到的多是其缺点和短处，甚至会把人家的长处也看成是短处。我们经常会遇到的这种情况，而它只不过是"情人眼里出西施"的一种镜像而已。

（苗光磊）

有婚姻方为夫妻

"关系"是世界万物最普遍的存在方式。关系不是实体，是存在者（实体）之间的相互联系和相互作用。实体总以一定的关系方式而存在。所以，"关系思维"并不排斥实体考察。但要理解和掌握"关系思维"，却不是一件容易的事，因为长期以来，我们习惯了"实体思维"，还不习惯"关系思维"。

例如"夫妻"这个概念，用实体思维来理解，就是通常情况下生活在一起的两个人，一个男人和一个女人，男子为"夫"，女子为"妻"。这样理解当然没有错，但很不到位。因为只看到一个男人和一个女人在一起，并不能准确说明"夫妻"的含义。要进一步看到，只有确立了"婚姻"关系，这位男士才是那位女士的"丈夫"，那位女士才是他的"妻子"。世界上一个男人和一个女人生活在一起的情形，各种各样，如父母与子女、兄弟与姐妹、婚外伴侣，等等。唯有"婚姻"关系是把两个人联系在一起，并决定其夫妻身份的纽带和标志。离开婚姻关系说一个男人是"夫"，一个女人是"妻"，就没有意义。

不要以为"关系"是虚无缥缈的东西。不要以为一纸婚约只是改变了两个人的名词称呼而已。"婚姻"是一种合法的社会关系，它代表着国家社会所认可和保护的许多具体权益，如家庭生活、财产共有、父母赡养、子女监护、性生活等方面那些特殊的权利和责任。这些都与单身男女通常的权利和责任有很大不同，也是他人所不能代替的。正是因为这些"硬邦邦"的权责和规则，"婚姻"才并非一个可有可无的抽象字眼，而具有了既现实又具体的性质和面貌。

就像一个男人在婚姻中才成了"丈夫"，一个女人在婚姻中才成了"妻子"一样，我们生活中的很多概念和观念，都来自具体社会关系的定性和定位。因此我们理解和应用它们时，都需要运用"关系思维"，而不能停留于一望而知的实体直观。如尼尔斯·玻尔说："孤立的物质粒子只是一些抽象的概念，只有通过它们与其他系统的相互作用，才能给它们的性质下定义，才能进行观测。"[1] 马克思分析资本时，强调资本的社会关系性质。资本不是物，而是人与人的关系。他形象地说："黑人就是黑人。只有在一定的关系下，他才成为奴隶。纺纱机就是纺棉花的机器。只有在一定的关系下，它才成为资本。"[2]

现实生活中的许多事实、问题，需要把它们放到特定的关系中，我们才能理解其本质，揭示其特征，才能把它们说清楚。人只有在从事某种对象性行为（认识、实践）时，才是"主体"，他的对象才成为他的"客体"。不在这种关系中，人还是人，并不是"主

① F.卡普拉：《物理学之道》，北京出版社1999年版，第120—121页。

② 《马克思恩格斯选集》第1卷，人民出版社2012年9月版，第340页。

体"；世界还是世界，事物还是事物，它们并不是"客体"。如果把矛盾双方中的某一方与另一方割裂，如果把一个因素从它所处的环境和联系中孤立起来，抽象出来，我们就没法解释和理解这个对象，这个问题也就没有意义。

关系思维，就不是用孤立的实体性眼光看世界，而是用联系和关系的眼光看世界。实体性思维在哲学领域的一个常见的方式，就是把任何对象要么归结为物质，要么归结为精神。世界上的一切事物和现象最终只有这两类，舍此别无他物。例如，治中国哲学史的必须分辨老子的"道"究竟是精神的还是物质的，这是关系到老子是唯物主义还是唯心主义的"大"问题；研究价值哲学的朋友也纠结一个问题：价值究竟是事物，还是事物的属性，抑或是人的主观状态（情感、兴趣、欲求等）。人们在讨论这些问题时，有一个不言自明的前提，仿佛"道""信息""价值"等，是某种独立自足的精神或物质实体，要不就是实体的固有属性。

问题是：客观世界的大多数事物、事情，并不是孤立和抽象的"基质"，不是以实体的形式而是以关系的形式存在的，而是通过关系和联系才呈现出来的"态"；同理，理论研究往往需要把范畴、问题放在具体的关系中考察，与相反相成的另一面结合起来考察。很多对象、范畴、问题，如果孤立地、抽象地讨论它是"什么"，就没有意义。比如我们上面讲的例子：离开了夫妻间的婚姻关系，孤立地、抽象地说一个男人是丈夫或一个女人是妻子，是毫无意义的。再如颜色，在直观经验看来，颜色似乎是物体固有的属性，与观看者无关，与"关系"无关。但科学常识告诉我们不是这样。颜色实际上是物质反射出来的一定频率的电磁波，与我们的视觉神经系统共同作用的结果。某种或某些物质、电磁波、视觉神经系统，是其颜色之所以呈现为特定颜色的"关系网"。

"价值"是典型的关系质、关系态、关系事实。思考价值问题，离开关系思维就无法说清楚。有的人试图把价值归结为事物、对象的固有属性，仿佛价值就像重量、形状等一样，是对象"本身"的。这种解释有两个困难。其一，如果离开了享用、欣赏、接受客体（价值对象）的主体，则客体的属性固然存在，但它不是价值。粮食只有被人吃下才有"营养价值"，否则它只是植物（种子）；药品只有用来治疗病人，才有"疗效"，否则它只是一种物质。

其二，同一事物、客体，对不同的主体来说，价值是不一样的。一套裙子，年轻女孩穿起来很美很漂亮，老头穿上让人看起来不舒服，显得"变态"。如果说价值只是客体"本身"固有的东西，我们就无法理解价值因人而异的特点。

价值是客体（价值对象）纳入主体的生活实践中后，所产生和显现的对主体有肯定或否定意义的效应。易言之，价值是在主客体互动关系中存在的、呈现的，理解和把握价值，不止是观点之争，更要转变思维方式，由实体性思维转到关系思维，把价值理解为关系质、关系态。

20 世纪以来，人类的思维正在发生静悄悄的但也是革命性的变革，其中一个重要内容就是，关系思维逐渐取代实体性思维。从以实体、实物、基本单元为基础的世界图像，转到以有机联系和动态过程为基础的世界图像。

我们要跟上科学和实践的这一发展！

（孙美堂）

"鞋子是否好穿，当然要看脚"

在价值和价值观念领域里，客体与主体之间的关系，可以比作鞋与脚的关系。俗话说："鞋子是否好穿，当然要看脚。"在这里，鞋子是"价值客体"；脚和脚的主人是"价值主体"；"好穿"是鞋对于脚的基本"价值"；"是否好穿"是对鞋的"价值判断"。结论就是：衡量客体的价值，要以主体为尺度。

面对这样一个生活常识，有人总觉得它不够"哲学"，或者不够"理论"。在他们看来，如果"哲学"一些，就应该讲出比上述结论更深刻、更复杂、更曲折、更神秘的新道理来。如果讲不出，那么宁可闭口不谈，也不要如此浅白。实际上，这里触及的是，哲学上的许多基本观念和思想方法有待反思。有些"哲学"之所以觉得这个常识没有理论价值，实际上是因为，他们自己被僵化概念和理论成见遮住了眼睛、封闭了大脑。

唯心主义者会觉得，这个道理已是老生常谈，并没有什么新意可言。因为在他们那里，"主体"就是"主观"，以主体为尺度，就是坚持以精神和观念为标准："鞋子是否好穿，当然要看脚和脚的主人有何偏好。"

一些"唯物主义"者，其实是旧的机械唯物主义者认为，"鞋子好穿要看脚"是一个错误的命题。他们坚持认为，必须从客体（鞋子）本身找出价值（"好穿"）的根据和标志，说明"'好穿'是某些鞋子的固有属性"，即坚守价值是客体的固有属性，才能避免犯"主观主义、相对主义、实用主义"之类的错误。

实事求是地考察鞋脚关系的历史和实践，得到的却是和二者不同的结论。

唯心主义者总是把"主体"归结于"主观"，只知道用人的思想去说明人。它常常忽视的是，人的主观偏好并不是毫无客观根据、完全随心所欲的。偏好如果背离了主体的客观条件，比如一位女田径运动员偏好穿高跟鞋，那么这种偏好的实施必定会受到很多限制，甚至让她陷入"穿，还是改行"的苦恼。就是说，人们的客观生活条件，总会对那些根本不适合他们的偏好发出"抗议"。这里的"主体"，绝不只是一个"主观意志"的符号，更是有自己客观存在的现实的活人。

旧唯物主义者则经常混淆"物"与"客体"，把唯物主义变成"客体至上主义"。尤其在价值关系上，他们不懂得，尽管每双鞋都有制作和保养得好坏之分，但这和是否"好穿"是两回事：一双鞋的质地、样式、大小等，是鞋本身的"客观存在"；而"好不好穿"则仅仅是鞋对脚的意义。事实上，同一双鞋，对于不同的人来说，穿上的效果总是不一样的。而"好穿"的意思，正是指它"适合于脚"。离开了"谁的脚"这个主体尺度，怎能得出"好不好穿"的价值判断？

如果有人以为自己提供了"绝对好穿"的鞋，断言任何人穿上都会很好，"好穿"是它的"客观属性"，那这种逻辑，倒像是那种销售商了：他们一味地用"真皮、进口、名牌、时尚"之类的诱惑去忽悠顾客，只想让对方赶紧掏钱买走，却不管是否合脚，也不让人家穿上试一试。其后果如何呢？当然可想而知，就像把唯物主义歪曲成"唯客体主义"，最终是要弄巧成拙一样。原因是，它根本不懂得，脚和脚的主人，才是比鞋更"客观"、更重要、更有力的客观存在！

"鞋子是否好穿要看脚"，是一种实事求是的、彻底的唯物主义价值观。这样的唯物主义价值观，就是要以人为本，用具体主体的尺度去衡量一切价值，创造和实现适合人的解放和自由全面发展的价值。

用制鞋和穿鞋来比喻。

不要以为鞋好穿，完全是由制鞋的材料、设计、工艺决定的。当然，这些可以决定鞋的成本和价格，但并不能决定其使用价值和社会价值。其实，材料的选择、设计的目标、工艺的水准，都是随着穿鞋人生活的变化而发展的。因此，不能一劳永逸，企图研制出一套普世通行的"好鞋"标准样式和规范，让天下所有人都照此去制鞋和穿鞋。"好鞋"的唯一核心标准，就是适合脚（人）的需要和尺度。

要知道某一双鞋好不好穿，首先要明白，你制造的鞋是准备给什么人穿的。要制造"好鞋"，就要去了解穿鞋的人。不光要了解各种各样的脚，还要了解各种各样的人，比如男女老幼他们的生活和职业等；了解人们在各种情况下，比如上班和休闲、运动和旅行、交际和表演等，会需要什么样的鞋。你对穿鞋人的了解越充分，服务越真诚，你制造出来的鞋就能越受欢迎，越是"好鞋"。

换作选鞋买鞋的人，也是一样的道理。你越是知道自己是什么人，要做什么，即知道自己的需要和能力，而不是一味迷信别人的标准，以追逐时尚和攀比消费为荣，你就越能享受自己的"鞋福气"！

先有了脚，然后才有了鞋。鞋是因脚而生的。鞋子是否好穿，当然要看脚。这个道理，就是价值哲学中的"主体性原则"。

（卫霞）

磁铁、靶子与百货商店

　　"价值"究竟存在于何处？在形成价值时，主体和客体各起什么作用？围绕这样的问题，西方哲学界曾进行过有趣的争论。这场争论的焦点就是："事物是因为它本身有价值才被我们追求，还是因为我们需要它、喜欢它才有价值？"

　　争论中的两种对立观点，各自可以用一个比喻来代表。一个是"磁铁与钉子"说：把客体比作磁铁，把主体比作钉子，"价值"则意味着"吸引"。这种观点认为，价值是客体所具有的对主体的吸引力。因此，价值本身主要存在于客体，对主体的"吸引"不过是客体本性的表现和作用。

　　另一个则相反，是"箭与靶子"说：主体的需要、目的、兴趣等是箭，客体是靶子。箭对准什么，什么就是靶子，射中靶子就是实现价值。这个比喻强调价值主要是由主体决定的。

　　二者都把价值看作主客体之间的关系（"吸引"或"中的"），但侧重点却显然不同。孰是孰非？其实，二者都不应片面化。磁铁能吸引钉子，难道与钉子本身是铁的无关吗？磁铁为什么不能吸引木头和玻璃呢？可见把"吸引力"看作单方面的决定关系，显然是有偏差的。

同样，"箭"能够随便"射"吗？为什么此时此地要射这个靶子而不射别的？比如射箭比赛和狩猎，难道与被射的东西本身全不相干吗？完全脱离客体的属性来看主体的指向，也是错误的。

那么，怎样理解才更全面些呢？如果一定也要打个比方，那么用"顾客与百货商场的关系"来比喻，似乎比较贴近些。顾客从商场得到自己所需要和满意的商品，可以比作价值的实现。在这个比喻中，包含着下面的实际情况和道理。

第一，"商场"，即价值客体，是客观存在的，它的各种各样的百货商品，可以看作价值客体所固有的丰富多样的属性。它们并不因有无顾客光临而改变。

第二，"商场"并不能使人一定成为顾客。它对有些人有吸引力，而对有些人（如从不逛商场的人）并无吸引力。一般来说，它只对需要它的商品或需要了解市场情况的人来说，才有吸引力。所以，客体并不决定主体，"吸引力"是因人而异的。

第三，"逛"商场的人，有些是有目的、有准备的，就像用箭对准了靶子一样，专门来选购某些商品（利用客体的某些属性）；但也有些人并无一定的目的和准备，他们在浏览中碰见中意的商品，就会想买，否则不一定买。这就是说，价值的实现，既有"射靶"式的，也有"吸引"式的，实际情况并非只有一种。

第四，顾客在商场得到满足自己需要的商品，即实现价值，这个完整的过程取决于三方面的条件：（1）商店里确有这种商品，即客体及其属性确实存在；（2）顾客确实需要或主观上想要它；（3）

顾客有足够的钱买，也有办法安置和使用这种商品，即主体有相应的能力。没有这三条，或者是买不到，或者是买了没用，或者是买不起。这几种情况都意味着，这里并未形成实际的价值。或者说，这时的价值还只是"可能"，实际上并不存在。

总之，对于前面说的争论的焦点问题，我们得出的是第三种方式的回答：

事物本身并无所谓价值，也不会仅仅因为我们需要就有了价值。事物之所以有价值，是因为它的存在和属性，同我们的需要之间有某种对应一致的关系，或者说，是因为它能够满足人的一定需要，适合人的相应能力。

（木卫一）

什么叫"吃饭"

　　社会上有些争论，虽然很执着，很激烈，但结果却往往很无聊，很无奈。这样的"嘴仗"打下来，总是达不到相互沟通和理解的效果，更谈不上形成令人满意的共识和结论，却似乎只是为了斗气和一逞舌辩之功。毛病在哪儿呢？

　　通常可见的一个毛病是，争论双方对概念的把握，在层次上错位了。

　　比方说，有些争论，是从"是否人人都要吃饭"开始的。反对的人说："并非人人都要吃饭，有时要吃药。""刚吃饱的人，并不要再吃饭。"……虽然这些说的是事实，但不能否定那个基本结论——"人人都要吃饭"。这当然是就总体的、正常的、一般的情况而言，不能用个别和特殊来否定。若否定了基本事实，那么世界上所有的道理都会乱。所以人们通常也不在这方面抬杠。

　　经常引发争执的，往往是在承认"人人都要吃饭"的基础上，"谁来吃，吃什么，怎样吃"，因为人们对什么是"吃饭"的具体理解，实际上是很不同的。比如在我国南方，很多人习惯中的吃饭，特指"吃米饭"，不包括面食；而在北方，很多人说的"吃饭"，则是相对于"吃菜"而言，即吃主食（米面粮食）；更多的人，把按照人体新陈代谢的节奏，定时补充相应的营养和热量，既有主食又有副食摄入的完整过程，叫作吃饭，其他则称作"零食""茶歇"等。有人对吃饭的理解更加宽泛灵活。譬如正在减肥的美女，到时只需吃一根黄瓜，也算是"吃饭"了；而另一些人，比如谈生意、搞联络的人，则把"吃饭"变成了一项郑重的公关仪式，给它赋予了更多的内容……

可见，虽然"吃饭"的意思大体是一样的，但具体的吃饭的情景和样式，却是多种多样、因人而异的。因为各种吃饭样式之间有共同的本质，所以它们都叫"吃饭"。也只有在这个意义上说，"人人都要吃饭"才是一个不争的事实。否则，若单就某一吃法而言，以它为标准衡量是否吃饭，那么说"人人都吃饭"就变得疑义重重，很麻烦了。

假如南方人坚持认为，北方人那不能叫吃饭，只能叫"吃食"，方人反唇相讥，说南方从不生产优质大米，所以他们只能叫"吃糙米"，这样的争论还有意义、有必要吗？反之，也有人担忧：假如没个明白的统一规定，随便往肚里塞点什么（黄瓜之类），都可以算吃饭，那么吃饭和不吃饭，吃饭和吃垃圾、吃毒药之间，还怎样区别？……诸如此类的争论和担忧，都是与如何把握事物（吃饭）的现象和本质、个别和一般相联系的，争议是混淆或颠倒了概念的层次所导致的。

混淆概念和问题的层次，有意无意地把现象当作本质，把一般归结于某一个别，把某一特殊当成普遍表征，并试图用它来"统一"世界，排斥异己，这样的思维方式和争论套路，是一个最常见的误区。

例如，"科学""民主""人权""自由""法治"等概念，虽然不是人类有始以来就认同的原则，却已是现代社会文明的普遍标识。但是，在现实生活中，东方和西方、发达地区和未发达地区、不同社会地位和不同文化传统中的人们，对它们的理解和认同，都有自己的方式和重点，实践中也会经过不同的路径，形成不同的模式和效果。这如同"人人都吃饭"一样。"吃饭"的含义是将可食用的动植物资源摄入体内，这是普遍性的规定；但世界各地的人们具体吃什么、怎样吃，是很不同的。不同地方"吃饭"的含义都有自己具体的、特殊的规定性。

就是说，"人人都吃饭"是不可否认的普遍性；而具体吃什么，怎样吃，效果会更好，更有利于健康等，则是因人而异的，需要人们自己来体验、研究和落实。在这个层面上，必须承认各个主体的口味、习俗、条件等特殊情况，不能强求同一，这就是特殊性。一个人可以拒绝"人人都要吃西餐"，但不会拒绝"人人都要吃饭"。所以说，普遍性与特殊性在主体实践中是应该和能够统一起来的。统一的根据，则是主体自身条件、权利和责任的一体性。

但是，总有人丢下主体自身权利和责任于不顾，偏要把某一模式绝对化，变成争执的焦点，以转移、掩盖真实的主体性问题。

比如，硬要混同"民主"与"西方民主"，以为既然概念是西方人先提出的，那么民主就只属于西方的模式，甚至只是美国模式。因此，有人觉得，东方要搞民主，就要追随西方政治模式，亦步亦趋，才能"统一"多样化，否则就是没有民主。这无异于说：

"只有西餐才是正餐，不吃西餐就等于不要吃饭！"

反过来也有人强调，东方要想不被西方牵着走，就得从根本上否定民主。他们很热衷于寻找西式民主的"局限性""虚伪性"和"困境"，试图证明"民主未必是好东西"，借以回避"好的民主""东方民主"应该怎样的真问题。这无异于说："因为西餐不好吃，所以我们就不要吃饭！"

荒谬源于偏执，偏执源于思维的层次错乱。思维层次一错乱，就会连饭也吃不成！

（木卫一）

四季衣服哪个先进

世界上各地方、各民族的文化、文明之间，究竟是否有优劣高下、先进落后之分？这个问题理论界争论了很久。英国学者汤因比曾在他的巨著《历史研究》中，归纳并考察了世界上已有的二十一种文明形态。经过认真地分析和比较之后，他认为每种文明自身都有其兴衰的过程，但它们相互之间却并无时代性的差异，"所有的二十一个社会都可以假定在哲学上是属于同一时代的，在哲学上是价值相等的"[①]。就是说，人类在文化上只有不同样式的变化，却没有先进落后之分。多年来，这个观点逐渐为国际学界认同，被当成了定论。不难看出，这个基本观念对于肯定世界上多元文化之间的平等地位，保护各民族文化的正当权利，反对文化霸权主义和文化殖民主义，具有重大的指导意义。

硬要把不同民族文化之间的样式不同，说成优与劣、先进与落

---

① 汤因比：《历史研究》上卷，曹未风等译，上海人民出版社1959版，第53页。

后的差别，显然不利于全球文化的多元化和平等相待。文化是其主体的生存样式，不同文化体系之间，各有各的特点，没有必要争论高下。拿最能代表一种文化形象的符号标志——"吉祥物"来说，中国的吉祥物是龙和凤，美国的则有驴和象。在美国人看来，现实中本不存在龙和凤，它们只是中国人的美丽想象而已，所以没有什么实际意义；但在中国人看来，一个美国政党会以驴为标志，也有点怪怪的，似乎少点文化。对于这些有必要争论吗？各种民族文化符号反映的是民族特有的传统生活和思维方式，彼此之间只需要相互理解和尊重，不应该轻易说长道短，企图"择'优'汰'劣'"。否则，很容易发展为文化歧视、侵略和霸权。

但是，这样一来，很多人又会不服气，想不通了：难道文化就真的没有优劣之分了吗？如果人们都固守自己的传统文化，就不能进步，不需要改革，不再发展了吗？这个问题提得很有力，也很重要，需要深入细致地思考，把它理清楚。

汤因比的结论，似乎与黑格尔的一个思想有渊源关系。黑格尔认为，绝对精神本身是不断发展的，但是作为其外壳的自然界，却是"有变化，无发展"的。他说，一年四季的循环交替就是如此。这就像人们更换的衣服：春天来了脱下冬装，夏天来了脱下春装，秋天来了脱下夏装，冬天来了再脱下秋装，如此循环而已。每一季的衣服虽然在前一季之后，却不是从前一季的衣服发展而来，因此不能说四季的衣服之间有"先进与落后"之分。谁能说四季衣服哪个更"高级"？

用四季的衣服来比喻，有助于我们把道理一点点地讲清楚。按照马克思主义的原理，既然社会的发展有先进与落后之分，那么文化也必然如此。问题的关键在于，文化的高下优劣，以什么为衡量的标准。

比如，夏天到了，你穿夏天的衣服就比较合适。冬天到了，如果你还穿着背心短裤，那就不合时宜了，落后了。但这个"落后"，其实不是因为你和周围的人不一样，不够"时尚"；也不是因为别人会笑你，责备你（其实是爱护你）；而是因为，这对你自己的身体很不利，会使你生病。但能不能因此就以为，"现在，只有穿冬装棉衣才合理先进"呢？这一判断是否是具有普世性的真理？当然不可以。因为还应该看到，虽然我们所处的北半球现在是冬天，但南半球却正是夏天。如果你要南半球的人"追赶先进"，也穿上棉袄，不捂出"热痱子"才怪。那岂不成了强加于人？

可见，春夏秋冬四季的衣服之间，本没有先进与落后的区别，而穿什么衣服才合适、合理、"先进"，是要依主体而定的。就是说，比较文化上的先进与落后，不能脱离主体泛泛而论。这里的关键，还是要弄清主体，确立主体标准。

在不同主体的文化之间，没有"先进与落后"之分，因为不能以某一主体的文化为标准，来比较判断其他文化；但是对于同一主体而言，其文化必有优劣、先进落后之分。这就要看一种文化对它的主体生存发展起什么作用，有什么意义。

就是说，看一种文化是否有生命力，是否合理先进，要看它是不是能为主体的生存发展提供精神资源（智力资源、道义资源）和制度资源（体制空间、机制活力）。能提供的，就是先进的、有强大生命力的文化；反之，就是落后的、有待改革的文化，哪怕它是多少年来的强势传统。

总之，文化的先进与落后，是相对于同一文化主体而言的，不是在不同主体之间的对比衡量。每一种文化都在历史进程中不断积累，真正有活力、有优势的文化，一定是不断自我更新发展的文化，而不是抱残守缺、顽固不化的文化，也不是自我迷失、只知跟风模仿、"东施效颦"的文化。

怎样对待自己和他人的文化，是文化主体自己的权利和责任。

（杜平）

诚实与欺骗的一墙之隔

在现实生活中，善良的人们上当受骗、无辜受害的事时有发生。如何帮助善良的人们筑起心理防线，减少受骗上当呢？首先就要找到原因。

那些善良人很容易受欺骗，甚至连一些低级骗术也不会识别，除了他们自己缺少警惕之外，还多半受自己心理上两个弱点的影响。

一个是受"贪欲"二字所累，忘记了"世界上没有免费的午餐"。这就很容易被人"投其所好"，诱以各种意外的便宜。只要你有贪便宜、走捷径的念头，便会自觉自愿地上钩。古人云："壁立千仞，无欲则刚。"只要人自己不抱有贪便宜、走捷径的幻想，别人就无法用这种办法来欺骗和利用你。

另一个是受"轻信"二字所累。不少人知道自己的知识和鉴别力不够，却不知道如何弥补之，往往迷信"名人""能人"，从众心理特别强。遇到一些极力诱人、旨在兜售的烂货时，既不能戳穿真假难辨的戏法，又无法澄清口若悬河的吹嘘，因此而被人愚弄。对这种情况，需要着重谈一谈。

目前社会上有不少欺骗行为，是利用人们的轻信心理，打着"科学""发明""人生秘诀""宇宙大法"，乃至"快速××（治病、致富、增高、减肥、美容等）"之类的旗号，以售其奸。其主要手法一般由两个部分组成：一是先给你提供一些"事实"，就是他的那套东西曾经多么有效之类的例证或统计，或世界上有什么奇特现象是科学和其他人都不能解释、解决的，唯有他这里才有高招，等等；二是他的一整套忽悠说法，他的产品多么科学超科学，多么先进超先进，多么灵验绝对灵验……于是，来上当吧！

对于这类表演，人们的警惕性通常是在"事实"上，那些单纯靠捏造事实来行骗的把戏，也往往容易被戳穿。然而，当人们遇到另一种情况——从表面上看来，似乎"确有其事"——的时候，往往就难以把握了。这里遇到的是"高级"的，更加隐蔽和危险的骗子：先给你一种似乎"客观存在的事实"，然后打着"科学"或"哲学"的旗号，加以似是而非的解释。这是现代迷信及其歪理邪说制造者的常见伎俩。我们要想识而破之，就要保持头脑清醒，特别要学习一点鉴别"事实"与"解释"的本领，从以下两个环节上鉴别真假。

首先，这里的"事实"究竟是什么就大有讲究。比如魔术师在台上，可以当着大家的面把一个人分成几段，移来移去。然而这个活人真的被肢解了吗？当然不是。魔术师是决不会承认的。因为魔术师是诚实的，他已经光明正大地事先声明了：这是魔术。成功的魔术所造成的"事实"，仅仅是"使观众产生了'一个人被肢解了'的视觉心理印象"这个事实。"心理事实"虽也是事实，但"此事实非彼事实"，不可混淆。相反，假如有人用跟魔术师同样的手法，却宣布说"我有神通，能够把一个人肢解，然后再让他复原"，那么这人一定是个骗子。因为他标榜的是虚幻和假象，不是事实。

俗话说"眼见为实"，其实不错，但问题是要懂得"眼见"的是哪种"事实"。受骗者吃亏的原因往往就在于，并未经过严格的考察，就轻易把"眼见（心理）之实"当成了"自在之实"。许多人分不清这里的两种事实，从而导致真假不辨，比如有的人把（练功时）自我暗示、自我调理而产生的身心效应，当成了某位法师或巫师的"法力"所致。

其次，也是更重要的，是要弄清"解释"的根据。解释不等于事实。一种"解释"同它所解释的那个"事实"之间，究竟有怎样的联系，同样大有讲究。因为即使事实本身确凿无疑，人们之间也会有彼此不同的解释。在科学上有时也是如此。那么，在各种各样可能的解释中，我何以要相信你的解释？如果"听风就是雨"，见到一点事实就轻信一套解释，就很容易落入圈套。骗人和受骗的人，经常在这里"结合一致"，这正是如今世上总还有很多欺骗，并且欺骗能够得逞于一时的一个原因。

一种好的解释能够揭示真相，澄清事实；而一套坏的解释则往往混淆黑白，扰乱视听，将人引上歧途。比如，骗子们常常先给你一个看来无可否认或无法验证的"事实"——他那一套"在别人那里或别处如何如何有效"之类；然后向你灌输一套他编造出来的"解释"，其实是用以转移注意力，让人忘记从事实本身去找证据。当人们对具体的事例（"事实"）缺少足够知识，很需要解释而自己又不能解释的时候，这种手法就很奏效。在这种情境下，受骗者虽然用自己的眼睛在看，用自己的耳朵在听，但实际上却是用人家给你的思路在想了。也就是说，受骗者的感官还是自己的，而头脑却被换掉了。欺诈的妙用，常在于此。

与之相反，正派人的正派"解释"，是实事求是、高度负责的，绝不故弄玄虚。现代科学技术已经能够准确地预报日蚀、月蚀、彗星来临、气象趋势，能够制造各种各样神奇的机器；医学则能够治病救人、起死回生；等等。但从来没有哪位科学家或医生，标榜自己有什么超人的"神通"，用什么神秘玄虚的解释来唬人。科学是诚实的，真正的科学家从不吹嘘，也不爱"炒作"，总是老老实实地用事物本身的规律和道理，用科学的知识和原理，或者用实践经验和工艺技术来解释一切，并且总是界限明确、留有余地。有时即使解释得不够完善，那也主要是发展水平问题，而绝不是有意欺骗。诚实和欺骗之间，只此"一墙之隔"。

"解释"的问题虽然比较复杂，但有一点是不应该怀疑的，就是没有什么能够比依据科学的解释更可靠。我们遇事应该首先尊重科学的解释，期待科学的解释，发展科学的解释。这样才能最大限度地防止迷信和欺诈的危害。

（木卫一）

法律葱头的"皮和肉"

在谈论法治的时候，常听到一种说法，就是法治只能保证"形式正义"或"程序正义"，不能代表"实质正义"；或者法律无关政治，不讲道德，不解人情；甚至有人认为，实行法治总是导致程序烦琐，效率低下；等等。就中国古代的司法一向重实质、轻形式（程序）的特点而言，现代司法强调"程序优先于实质"，更重视形式正义和程序正义，这也可以说是对中国古代法律的一个纠偏。然而如果纠偏过度，也容易导致误解，以为法治只是一种形式、一套程序、一种手段，它本身不包括特定的内容，无关任何实质性或实体性的正义。由此，有些人就引申出结论，认为说到底，还是人治更有效，法治至多不过是人治的一种补充或手段。

这种对法治的误解或偏见，实际上来自一个理论上或思想方法上的误区，就是离开了法治的主体是人，在中国是全体中国人民，即离开了民主来看法治，从而导致了对法律和法治的形式与内容、程序与实质之间的简单化、片面化、凝固化理解。打个比方，这种成见，就是陷入了黑格尔所说的"小孩剥葱头"式的思维误区。黑格尔在评论某种分析方法时曾说:"用分析方法来研究对象就好像剥葱头一样,将葱皮一层又一层地剥掉,但原葱已经不在了。"[①] 在那些人的理解中,法律也像一颗洋葱头,如果你想把皮一层层剥掉去找它的肉,那结果是,把皮都剥光了,也找不到肉。因为对于洋葱头来说,它的皮也是肉,肉也是皮。

把"洋葱头"的比喻转换为哲学的语言,即是说,作为形式的"皮",本身就有它作为内容的"肉";世界上没有无内容的形式,也没有无形式的内容。放在这里则是说,法律的形式之下是有内容的,法律的程序之中是有实质的,法律的"皮"与"肉"也是不可分割的。

但是,与皮和肉都是有形的物质相比,在现实中,人们往往只能看到有形的法律之"物",如法律条文、司法机构和设置、法庭审理程序等,却似乎看不到它有什么自己的内容和实质。例如,人们观察每一个司法事件,认为如果除去了事件中所承载的具体经济、政治、文化内容,民事和刑事纠纷等实体内容之后,法律所剩下的,哪还有什么实质内容?所以觉得法律无非是一些空洞的、没有内容的形式,或是一套空洞的、用在什么案件上都适用、固定不变的程序而已。这似乎是说,法律只是一张张用来包装社会利益的"皮",它本身哪里有"肉"在?

如此理解、看待法律和法治,显然失之过于表浅。因为这种思维完全看不到,法律形式本身从来都有其特定的,而且是普遍性的

---

① 【德】黑格尔:《小逻辑》,商务印书馆1980年版,第413页。

内容；法治程序本身正是某种具有普遍性实质的贯彻。而这些特定的、具有普遍性的内容和实质，正是相应的公民权利与责任的在场和体现。也就是说，不论案件的具体现实内容如何，维护公民的普遍权利与责任，都是各种法律形式特有的基本"内容"；在每一程序环节上，关照、体现当事人权利与责任的到位和统一，本身就是实施法律的"实质"含义所在。进入司法程序的每一事件，都会因其具体的经济、政治、文化内容而有所不同，并且随着审理的结束而结束。但法律的规则和程序，却不会因案件的结束而改变，反而成为继续有效、日益强化的行为规范。正因为如此，可以说，法律本身有其一以贯之的内容和实质，法律的形式是有内容的形式，法治的程序本身是有其特定实质的程序：确认和兑现每个人的权利与责任。

比如，法律中最为典型的形式即为司法形式。理想的民事司法形式，一般被认为是一种等腰三角形构造。此时法官居中裁判，诉讼两造具有平等的地位。法律的很多实体规定性即是附着于这一典型的司法形式之中。如双方都有申请回避的权利，都有抗辩的权利，都有举证和质证的权利，都有使用自己语言进行诉讼的权利，都有请律师的权利，都有要求法官阐明的权利，都有上诉的权利，等等。往深里说，司法形式事实上赋予了每个当事人实质上的尊重，每个人都是一个自由和平等的人，拥有平等地参与诉讼的权利，并能够承担自己的责任。这些，正是法律之"皮"下所特有的"肉"。没有这样的肉，也就没有了皮，没有了法律这个"葱头"。

那种只承认法律的"形式正义"或"程序正义"，认为法治不能维护"实质正义"的看法，恐怕是将公民的普遍权利与责任本身，当作了非实质性的、虚无飘渺的东西。当然，那种认为形式（程序）正义优先于实质正义的看法，也是不准确的。"优先不优先"，只是依情境而定的选择，并不意味着两者之间可以分离。如果以一种割裂或分离的观点去看待法治，则必然不能深刻理解法治与民主之间的内在联系，因而对坚定不移地推行法治缺少自信。特别是遇到法治与某种现实的经济、政治权益相冲突，或与一时的"民意"相冲突的时候，这种不自信则会表现为法治的弱化甚至后退。

（王金霞）

比卓别林更像卓别林

默片时代著名的电影喜剧大师卓别林，深受大家的喜爱和追崇，因此很多地方都有模仿他的比赛。据说有一次，欧洲某处举行模仿卓别林演技比赛，参加的有三四十人之多。卓别林本人知道后，也悄悄地用假名参加了比赛。结果，经过评选会细致评议以后，比赛结果揭晓，卓别林本人被评为第三名。

听到这个传说，人们首先会问："这是真的吗？""别人怎么可能比卓别林本人更像他自己？"回答是："很有可能。"因为据报道，1915 年左右，卓别林确实在旧金山参加过一次模仿卓别林演技的比赛，结果连决赛都没有进入。这件事在当地报纸和卓别林传记中有所记载。总之，按照人们的兴趣和愿望，言之者都宁信其有，或深信不疑。类似"以假乱真"的现象，屡见不鲜。

如果这确是事实，或是完全可能的现象，那么接下来的问题就是：这样的事例说明了什么。结论是说明我们的认识不可靠，连专职评委们都会看走了眼；是证明世事真假难辨，或者根本没有真相，一切都是幻象；抑或是证明，一个人是不是他自己，不在于他的客观存在，而全在于他的表演能否服众……这些结论，当然是不正确、不符合实际的，也是过于消极悲观的。

那么问题出在哪里呢？问题出在，这些结论都只是从认识论的角度来思考和回答的，却缺少了另一个更适合、更清晰、更贴切的角度——价值论。而仅仅从认识论的角度看，事情的有无与真假，感知的真实与虚幻，判断的正确与错误，等等，都仅仅指向对象即客体，以客体本身的存在为根据。比如，要知道究竟谁是卓别林，只需请他到场，并出具身份证或户口本之类的合法证件，便可确认无误。若有人化了装，并制作了假证件，那么用医学和生理学等手段，也可以辨别真伪。这一切都因为，真实的卓别林只有一个，世界上不会有第二个。

但是，这里发生的"模仿卓别林演技比赛"，却与"给卓别林验明正身"不是一回事。既称"模仿"，也就是说，是不是卓别林本人并不重要，重要的是越能够与他外表"酷似"、表演"神似"，就越是成功；既然是"比赛"，也就是说，是有裁判的，谁成功或不成功，谁最成功，不是以卓别林的"正身"为标准，而是以裁判者即评委和观众的尺度为标准。多数观众和评委的眼光如何，评判的结论就如何。简言之，"模仿卓别林演技比赛"展现的不是一个"认识真相"的过程，而是一个"实施评价"的过程。

所以说，"模仿卓别林演技比赛"的评比结果，主要不是"揭示真相"，而是"展示趣味"。在这里，人们追求的不是分毫不差的卓别林本人，而是力求再现他那冠绝一时的表演境界。正因为如此，即便是卓别林本人，也未必始终能保持最佳状态，表演出他自己的最高境界；而他的粉丝们，也不排除可能超水平发挥，表演得比此时的卓别林更像伟大的卓别林。至少，他们是赢得了评委和投票观众们这样的肯定。如果说这里也有真相，那么"赢得了评委和投票观众的肯定"正是一种评价中的"真相"。

一般说来，"评价"之不同于"认识"的特别之处在于：对象即客体本身的客观存在，仅仅是评价的前提，而不是评价的尺度；评价是以评价者的需要和能力（水准）为尺度的，评价者的需求和眼光如何，评价就如何；评价表达的不是事物之"有无、真假"的判断，而是对事情"好坏、得失"以及是否"满意"的态度。因此，尽管世界上代表正确认识的"真理"，总是"一元"的，而人们的价值判断及其标准，却总是"多元"的。

打个比方，认识和评价之间，一个像是说物体的"形状"，另一个像是说物体的"颜色"；或者，一个像是用天平称对象的"重量"，另一个则像是用手掂量对象的"轻重"；等等。

总之，描述事实与进行评价，它们有各自不同的适用尺度。我们观察事物的情况和意义，也需要用不同的尺度。如果用错了尺度，用尺子去量"轻重"，你就会"看山不是山，看水不是水"，分辨不清该分辨的问题。譬如，我们如何认识和评价自己的健康状况，特别是在诊断治病时，大夫和专家，就有可能比你更像你自己！

（古琳）

对着镜子说人

懂得"评价说明评价者",是一种清醒的价值意识。

评价,是生活中无处不在、无时不有的一种精神活动。评价和认知不同。认知是了解认识对象。你越是不带好恶成见,越是观察得仔细、周到、深入,你对对象的认知程度就越高,你对对象的描述就越真实可靠。而评价是评定对象的价值,即判断其有何意义,是好是坏,善恶美丑。评价,就是你总要有自己的特定立场,你的观察也总是有一定的选择性……若不带这些"成见",你可能就没有主见,是非不辨,就很难做出自己的价值判断。

评价的这种特点,用常言说,就是"对着镜子说人","以人度物,以己度人"。从反面说,则是"以小人之心度君子之腹""狗眼看人低"。就价值判断来说,这是普遍现象,人们总是这样。这是因为,"价值"现象的本性,就是具有主体性,事物的价值总是"因人而异"的。评价,就是要用主体的立场、主体的眼光去体会对象或事实的意义,而不是机械地描述和重复对象事实。否则,就会"看山只是山,看水只是水",不能体验其中的意境、美感和人生的意义。

既然这样，那么我们就可以得出一个推论，并建立这样一种自觉：看待评价，要更多地注重分析、理解评价者一方的情况。

比如，当你评价别人时，你可以从自己对他的看法中，知道你和他的关系，发现你自己内心的需要、能力、兴趣和趣味等，处在一种什么样的状态。就像一部《红楼梦》，人们怎样评价它，取决于从中看见了什么。鲁迅说：道学家看见淫，才子看见缠绵，流言家看见宫闱秘事，革命家看见排满……就是说，每个人看见的，都和他自己心头所想有关。你怎样说别的人和事，实际上透露的是你自己的坐标和取向。知道了这一点，你就可以把持和提升自己，用"与人为善"的尺度和目的，代替苛求于人的动机；用心中对真善美的珍惜和追求，照亮周围。这样就会使自己多一些健康向上的朋友，使生活多一些阳光。

当你听到别人对你的评价时，你也可以从中注意、理解他的"潜台词"，知道他乃至时下社会上的人们，关心和需要的是什么，从中理解人们是在怎样地生活和思考的。经过与你自己的追求相比较，你就会更加知道自己应该怎样。比如，别人都去炒房、炒股，你没有参与，有人就会说你傻，说你落伍了，但你要意识到那是人家的兴趣和能力所及。如果你没有那样的兴趣和能力，就切不可跟着跑，借钱去炒房、炒股。如果被动地放弃自己的原则、理想和信念，其实是人生最不明智之举。

可见，虽然"对着镜子说人""以己度人"是我们之为人类所特有的主体性在价值评判中表现出来的局限性，是不可避免的，但未必一定是坏事。相反，如果能够正视它，理解它，它却可以成为我们提升品格的动力。

一是保持你的"主体在场"。无论评价还是被评价，都证明你是一个权利与责任的主体。因此要"善待"自己。

你去评价别的人和事，意味着你是自己本身，或者你还是许多和你一样的人的代表。你有权对与自己有关的人和事表明看法，面对公共的事物，表达一种现实主体的真实价值诉求。此时，你的诚实、勇敢、自律，就是一种可贵的美德。

你被别人评价，说明你对他人来说不是可有可无、无足轻重的。别人是把你当作了生活中的一个有效因素，因此对你有关注，有期待，有取舍。这有助于提醒、帮助你认识自己的社会存在和社会关系，促进你审视自己的角色和言行，在享有属于你的权利的同时，也担当起自己的责任。此时，你的认真、理解、虚心和宽容，也是一种现代文明所需要的美德。

二是用"镜子"校验自己的品格。既然评价都是"照着镜子说人"，那么端正镜子里的形象，就是你提升自己形象和境界的参照。

"仁者见仁，智者见智"，见仁见智的根子在于他们是仁者或智者。如果你总是用长相打扮去评价人，羡慕这个"英俊时尚"，嘲笑那个"土鳖呆丑"，那么镜子中的你，可能就是个把外表看得比知识和品行更重要的人；如果你只会用发了多少大财，当了什么大官来评价人生的成就，那么镜子中的你，可能就是个功名利禄之徒；如果你总是用"是否对我可用"来评价身边的人，那么镜子中的你，可能就是一个只讲利用不懂友情的人……总之，通过镜子，你可以看到自己的人品和追求的层次、趣味的高低。当然，别人也能看到。

就每个个人和独立的主体来说，价值标准总是多元的，"真善美"的尺度也是不统一的。但就社会历史的整体而言，多数人都认同真善美，社会历史最终总是会向较高的层次提升，"真善美"的尺度尽可能有所统一。个体是"仁者见仁，智者见智"，而在既需要"仁"，也需要"智"的群体和社会进步中，则能够见到"仁"和"智"的相对统一。人类社会的进步，就是这样一点点积累起来的。

历史，是一面最大的镜子。

（温泉）

事情就是"1+1"吗

近来网络上有一组题为《民意》的漫画引起了热议。作品以夸张的手法，描绘了部分民众对于法律热点案件的盲目反应甚至荒谬评论的现象：

被告持刀抢劫，台下民众振臂高呼："严惩社会的败类！"

被告强奸妇女未遂，台下民众群情激昂："严惩！人渣还配活？！"

被告婚内出轨，被告在游泳池小便，民众一律高喊："杀杀杀！"

而在另一个庭审现场中，原告先说被告打人，台下民众异口同声："被告居然打人，还有没有天理，有没有王法？该严惩！"

被告辩解说："我打他，是因为他欠钱不还。"民众转而支持被告："被告打得对，欠债还钱，天经地义，原告活该被严惩！"

原告说："你总蹭吃蹭喝从不给钱，我欠你钱怎么了？"民众又转向原告一方："蹭吃蹭喝的人不好，蹭吃蹭喝的人没人权！"

被告痛哭流涕："我父母双亡，爷爷奶奶瘫痪，还有弟弟妹妹要养，过得很辛苦！"民众又为被告所感动："太可怜了，应该无罪释放！"

这组漫画讽刺了部分民众"听风便是雨""墙头草，随风倒"的不良习气。虽有夸大之嫌，却反映出许多人受了"价值独断主义"思维的误导。

什么是价值独断主义？在哲学上，"独断主义"是康德指出的一种现象：人们对自己的判断能力未加反思和论证，就断然下定结论。而"价值独断主义"，是表现于价值思维中的独断主义，指人们对自己价值判断的立场和限域缺少自省，就断然下定结论，并按照这个结论去推论全过程。无论是事实判断还是价值判断，"独断主义"总是使判断者相信，自己所做的判断，只要有根有据，就是唯一的真理，是世间的"不二法门"。"好就是好，坏就是坏，走到哪里也不会变"，根本不存在其他的可能，一切与我不同的判断，都一定是错误的，甚至是别有用心的。

"独断主义"是一种习惯、一套思维方式，也是一种信念。按照这种思维，人们必然以简单化的方式对待有争议的事情。他们总是觉得，事实就是"1"，心目中的价值标准（如法条、道德规范）

是另一个"1"。只要事实清楚，标准清楚，那么结论就像"1+1"一样，自然清楚了。但是，这种思维的毛病恰恰在于，它忽视了要首先弄清楚：事情本身究竟是"几 + 几"——前一个"几"是指事实，后一个"几"是指判断的标准或适用的法条。

在复杂多变的现实生活中，需要我们弄清楚事情本身是"几 + 几"的，常常比需要算出"1+1"的多，也比算出"1+1"要困难得多。但除了负责查案的专门人员以外，一般人往往不大习惯，也没有责任和能力先去查清是"几 + 几"。于是，不知详情而又热心关注的民众，就常常被先入之见左右。人们很容易按照自己的偏好去认定"1+1"，并据此推算出结论。于是，"第一信息""第一事实""第一印象""第一语境"等等，对于形成"民意反应"和"舆论压力"，就显得很起作用，非常重要了。有些事件的当事人及其代理人很懂得这一点，就力求占据"第一时间"，用自己提供的"1+1"去引导和利用"民意"。于是，一会儿是这一方提供了这样的"1+1"，一会儿是另一方提供了那样的"1+1"，受到引导的"民意"，也就一会儿偏向这边，一会儿偏向那边，看上去就是"墙头草，随风倒"了。

可见，要想培育客观理性的社会氛围，有两个方面不可不注意。一个是要求信息发布者，提供信息一定要客观、及时、全面。任何人都不应为了自己的目的，有意提供不完整、不准确、不真实的信息。不真实即有欺诈之嫌。另一个是要求社会舆论，要在推动澄清真相的基础上，尊重法治的规则和程序，避免以自己的好恶代替依法审理。总之，大家都不应该以主观代替客观，助长简单化。

说起简单化，有一个很经典的"脑筋急转弯"问题："在什么时候1+1 ≠ 2？"答案是："算错了的时候。"（在相声的包袱里，则是"喝多了的时候"。）

这个"脑筋急转弯"，实际上是以机智的方式重申了一个简单化的结论：在任何正常的情况下，都是"1+1=2"。之所以说它是简单化，是因为它的经验视野和逻辑前提，被局限在了一个最狭小的抽象领域——非二进制的算术领域。

如果拓展开视野，注意现实生活的具体性和多样性，那么就会知道，世界上的事情，并不都是"1+1=2"，"1+1 ≠ 2"的居多。比如，在电子计算机使用的二进制数学里，总是"1+1=10"；在高能物理实验中，1个中子轰击一个原子核，这样"加"出来的，是一场核裂变，其产出的粒子数量几乎不可计数，这也是现代的一个常识；在社会生活中，一个小伙子加上他心爱的姑娘，可能是一场恋爱、一场婚姻，然后是一个有孩子的家庭……可见，怎样的"1"和怎样的"1"相加，它们是怎么个"加"法，将决定什么是正确答案。

我国三大诉讼法都明确规定了适用法律的一个基本要求，即"以事实为根据，以法律为准绳"。"事实"＋"法律"＝"判决或裁定"。这里既涉及对案件真实情况的全部证据的查证，也涉及相关法律规定的适用。

一定把二者都先弄清楚，再作判断。这是理性和法治的要领，含混不得。

（苗光磊）

阶级并不吃馒头

"××有没有阶级性",如"科学有没有阶级性""真理有没有阶级性"等,是人们常爱争论的话题。

其中的"××",是指一定的现实对象,即争论中所涉及的客体本身。而分歧和争论,主要发生于什么是"阶级性",怎样才叫"有"或"没有"阶级性。这样的纠结,多半是出于不懂或不注意"实然"与"应然",即"存在、事实、知识、真理"与"价值"之间的区分和关联。

比如,问"馒头有没有阶级性",大家的回答可能比较一致:没有。但若问:"馒头的价值有没有阶级性?"有些人就会糊涂了,以为和前一个问题是一回事,当然没有阶级性;但有人却会指出,旧社会吃白面馒头的富人,与吃糠咽菜的穷人,能是一个阶级吗?这样一来,就得弄清楚"阶级性"是指什么——它是指对象客体自身固有的属性,还是指对象客体与阶级主体的关系(意义)。

"阶级性",当然应该是指"阶级所固有的属性、本性",因此它首先是个实然和存在的范畴。世界上凡属以阶级为主体,由阶级所做的事情，就一定带有阶级性；相反，凡不属于阶级和阶级行为的现象，就不能说它有阶级性。例如，我们可以说阶级、国家、政权、政党、上层建筑和意识形态等有阶级性，却不可以说祖国、地区、行业、种族、性别、年龄等有阶级性。

而人们争论中"××有没有阶级性"的"××"，恰恰是指非阶级的东西，如"知识""真理"等。这是怎么一回事呢？原来，人们关注的其实已不是"××"的存在及其属性本身，而是它与阶级的关系，它对阶级的意义，它对哪个阶级有利或不利，等等。其实是问："××的价值有没有阶级性？"

这样一来，"阶级性"就有了第二层意思——对于阶级的"价值"所具有的"性质"，即它对哪个阶级有利或有害，站在哪个阶级一边，为哪个阶级服务，等等。于是，"阶级性"作为一种"关系"的状态和性质，不再指客体本身了。在这层意思中，要回答"有没有阶级性"的问题，就意味着必须进入价值思维的层次和领域。

从价值论的视角看问题，就要理解，任何事物的价值，都是在主客体关系之中形成和改变着的。客体事物本身不变，它的价值也会因主体不同而不同。因此，要了解某一事物的价值，就要把它放在具体的主客体关系之中，看它对于主体的意义，并以主体的尺度（需要和能力等），判断其价值为正或为负（得失、利弊、善恶、美丑等）。这个道理，是马克思主义哲学价值论所揭示的秘密。但迄今为止，很多人还不大了解，或不愿接受，更不习惯运用它。

如果从价值论的视角说"馒头的价值有没有阶级性"，就要在馒头与阶级是否发生关系，发生什么样的关系这个角度上来考察。

一般说来，"馒头的价值"首先是指馒头作为一种食物的食用和营养价值。这是馒头所能具有的最直观、最简单也最基本的价值。这样的价值，只会发生于馒头与吃馒头的个人之间，所以它只对于具体个人有食用和营养价值，而不会对于阶级或党派等有食用和营养价值。就是说，馒头人人可以吃，人可以包括各个阶级的人，但不会有任何阶级来吃馒头。所以说，馒头的食用和营养价值是没有阶级性的。

但在现实的社会生活中，"馒头的价值"并不限于它的食用和营养价值。比如，考虑到民族饮食传统的多样化，特别是考虑到市场经济中食品和餐饮产业链的存在，馒头就可能成为庞杂的社会价值链上的环节，因此它还可能，并且事实上也担当了其他社会价值。

这里举一个在特定情况下，馒头也具有"政治价值"的例子。

面包，可算是一种广义的馒头，即"洋馒头"。当年由于面包供应不足，莫斯科居民多年为排队也买不到面包所苦，对政府和执政党多有怨言。这种不满情绪，是最终导致苏共垮台和苏联解体的一个不可忽视的因素。这样的政治价值，是否也可以说是馒头有了"阶级性"呢？

于是，对于"馒头的价值有没有阶级性"这样的问题，我们的思考就要开放一些，复杂一些，不可简单化、凝固化：

要学会分析"馒头的存在"与"馒头的价值"，不可把两个问题混为一谈；

对于"馒头的价值"，不可脱离了具体的主客体关系，抽象地想象和武断；

对于任何价值问题的分析，都要摆脱简单化的两极对立，包括"以阶级斗争为纲"的思维。这是本题的重点。

作为一种价值观念，以阶级为唯一主体，什么事都只想断定其"阶级性"，以为这样就是掌握了实质价值，这是一种狭隘、片面、僵化、武断的思维方式。且不论阶级本身是与一定的生产发展阶段相关、只在一定的历史阶段中存在的，并非永恒存在。即便是在有阶级的社会中，阶级也不意味着就是唯一的主体，个人、家庭、民族、国家存在，行业、地域等群体也存在，也能成为价值主体。毛泽东说过，在阶级社会中"各种思想无不打上阶级的烙印"，这里也只是"烙印"而已，不见得所有思想文化就全都是阶级的，没有人类的、民族的、区域的、性别的、行业的等其他特征。

总之，价值思维是一种在关系中进行主体分析的思维方式。对于阶级性，我们无须盲目地、过度地夸大和崇拜，而应从实际的价值关系出发，冷静、客观地把握。确属阶级和阶级斗争的问题，就要用阶级的观点去看；对于不属于阶级和阶级斗争的问题，就不要硬套阶级和阶级斗争。回答"为何馒头的营养只有个人性，没有阶级性"时，我们可以如实地说：

"因为阶级并不吃馒头！"

（党妙）

短喻九则

一

树林里不能没有啄木鸟。但啄木鸟也不要以为，只有自己才是好鸟。

二

如果仙人掌成为你们那里的标志，那么很可能是，你生活在沙漠地带。

三

到处问"'人民'那家伙是谁"的人，多半像"郑人买履"一样，忘记了自己是有脚的。

四

如果你在拳台上搏击，就不要一味地去攻击对手的拳头。学术批判，更要学会击中关键或要害。

五

要求全世界的人都穿某种样式的鞋，这叫单一化的武断；让全世界的人都穿适合自己脚的鞋，才是"多样化的统一"。

六

"两手抓"，一定得是一个脑袋指挥，这样才抓得准，抓得牢。如果是两个脑袋各管一只手，那么要想两手都"硬"，就势必很难，甚至做不到。

七

世间之事，凡形成两极对立的局面，其间必有相通之处。就像左右两手，必是对称的。也像足球决赛中的两队，一定都是足球队，不会有一支是篮球队。

八

　　幽默，是投给生活的一束阳光。它是胸襟开阔的理解，留有余地的思考，充满自信的宽容，是非分明的选择和居高临下的抗争。因为，幽默来自对光明的爱和信念。

九

　　如果把哲学比作人类思维的"精神健身"活动，那么专业哲学家的工作，就是"精神奥林匹克运动"。奥林匹克运动的精神实质，是冲击人类体力体能的极限，所以它的口号是"更快，更高，更强"。而哲学的精神实质，是冲击人类理性思维的极限，所以它的口号应该是："更广，更深，更活！"

（木卫一）

第 2 辑

×

人生篇

仰望星空？那是在黑夜

"有两样事物，对它们的思考愈是深沉和持久，就愈是在我们心中唤起历久弥新的赞叹和敬畏：头上的星空和心中的道德法则。"（Two things fill the mind with ever new and increasing wonder and awe, the more often and the more seriously reflection concentrates upon them : the starry heaven above me and the moral law within me.）

这段富有诗一般震撼力和感召力的名言，来自德国著名哲学家伊曼努尔·康德64岁时（1788年）发表的名著《实践理性批判》一书的结论部分。这段话后来也成为康德墓碑上的铭文。两百多年来，每当人们诵读时，它那诗一般的哲理仍旧熠熠生辉，唤起每个人心中对宇宙的敬畏和自我道德上的神圣感。

但是，当人们习惯性地重复着这段话，并有意无意地将它引向道德神圣感时，却没有注意：康德将"星空"和心中的"道德"相并提时，原本是什么意思；他说的"两样事物"——头上的星空与人生的道德——之间，究竟是何关系。我们心中的道德律令，是从仰望星空得来的吗？很多人的确是这样以为的：在"仰望星空"与"道德立法"之间，有着某种因果联系，"心中戒律"来自"仰望星空"的启示。所以，他们总是强调：人要有道德，就要时时"仰望星空"。

然而，这却是不了解康德才产生的一种误读。别忘了，康德本人确实是"仰望"过星空的。他早年写过好几本有关天文学的著作，批判牛顿学说，还曾提出了在天文学史上占有一席之地的"星云说"。就是说，康德在仰望"星空"方面，确实是有自己切实的感受和收获的。这些感受和收获，与他后来经过深思熟虑发现了人生的"道德律令"，具有同样的令人激动不已的分量。所以他在总结人生体验时，对自己做过的两件大事，发出了诗意般的感叹。但康德从未表示过，他发现道德律令是他仰望星空的结果。这两件事，只是在同样令人激动不已这一点上，可以相提并论。并没有根据说，仅仅凭借仰望星空，就能懂得道德。

那么，为什么许多人，包括一些专家学者，都会陷入这种因果性的联想呢？原因在于，人们对于道德规范，特别是"顶层"规范的起源，长期存在着认识上的误区。这个误区，犹如"仰望"的前提：只是在夜晚的黑暗背景之下，人才能依靠肉眼去观察星空。"仰望星空，那不是在黑夜么？"这里本来应该引发一个很大的疑问：天文观察当然主要靠夜晚，那么人文观察呢，是否也应该主要靠"夜晚"？

人类生活的"夜晚"，主要是指人们退出公开的公共活动以后的私人时间和空间。以暗夜中的状况来观察和说明人和人的生活，恐怕最终不大合适。因为那样既不可能观察到清楚、正常、完整的社会生活状态，更不可能为改善人们的社会公共生活提供切实有效的建议，反而会增加人们对现实的阴暗感、神秘感乃至恐惧感。

为道德"立法"的传统思路，也正是首先把人生置于"黑暗"之中，将其当作发现道德"星光"的背景和前提。为什么这样说？中国有句古话很形象："天不生仲尼，万古长如夜。"这是说，假如没有圣人为道德立法，人间就处于道德的暗夜之中。孔子是圣人，在许多人眼里，康德也是西方近代的一位圣人。虽然他比孔子晚了两千多年，但在西方"上帝退位，理性抬头"的时代，康德把道德从人以外的神圣与崇高，还原为人本身的神圣与崇高，为人们建立了能够与上帝契约相当的道德律令。康德的伟大，也如星辰之光，照亮了人间，使那些一味地盯着自己脚下投影而苦思冥想的追求者们，看清了方向。

康德所指明的方向，也与孔子的"推己及人"不谋而合。他们都认为，道德原则必须是具有可普遍性的。这种可普遍性，一定是来自个人把自己和他人一样看待，"推己及人""将心比心"。康德的"绝对律令"正是这个意思。也正因为如此，孔子的"己所不欲，勿施于人"，才被西方正式当作了具有普世价值的"道德金律"。可见长期以来，人们对于道德原则的理解，都是"圣人的良知和智慧，照亮了人间的夜空"。

这样理解道德的本质和起源，有其积极的意义，也有其致命的弱点。积极意义在于，它体现出某种超越现实的、高尚的理想主义；致命弱点在于，由于它预先把现实生活当成了一团"黑暗"，所以必然忽视人们在光天化日之下日常行为的道德性质和意义，必然脱离现实的历史进程。这种道德理念，至多只能代表某种发自内心的

"应然"，却与历史本身的"实然"进程毫无联系。

例如，说起道德时，道德家们总是一味地强调它的超功利、超现实的理想性，似乎道德是一个只能外在于人的现实生活并高悬于其上的、可望不可即的东西，却从不认真地说明这种神圣的"超越性"是以什么为要基的，是从哪里来的；不注重从人的生存发展的社会历史进程来说明道德的实然和应然。在康德那里，只把道德归结为人的理性和自由意志，而没有以人的生存发展实践来说明人的理性和意志。他的道德律令始终如"星空"一样悬浮于人类心灵的高处。所以，他也主要是在如何"要求于"人的方面，高扬了道德的权威，而未能从道德如何"来源于"人的实践方面，阐明这种权威性的基础、来源和保证。这说明，仅仅依据对"个体善的本性"的理解和推广（或相反，凭借对"恶的本性"的限制和超越）而设想出来的美德规范，充其量只具有理想的性质和力量，却往往缺少现实的根据和力量。

如果一种"应然"只是出于某些人的愿望，却没有自己的"实然"根据，它既不能从社会历史进程中找到基础和依据，也不能从现实生活中获得足够支持，那么，这种"应然"就注定带有单纯理想主义的软弱性。在强有力的现实历史进程（如经济、政治、科学技术和人们日常生活的变革与发展）面前，"道德"常常感到被冲击和亵渎，被说成是在社会进步中受到了轻视甚至背叛的牺牲品。似乎世俗的经济、科技和人们的日常生活，天生要与道德背道而驰；似乎随着物质生产生活的进步，人类在精神上的境界就只有失大于得，道德上的退步多于进步。这种道德与社会进步之间的"二律背反"，往往不是导致伦理虚无主义，就是走向道德专制主义。

导致这种后果的根本原因，恰如黑格尔在批判谢林时所言：谢林所认定的"真理"或"绝对"，"就像是黑夜观牛，一切皆黑"。在人的个性尚未普遍形成的时代，人很容易把人当作完全同质甚至等量的个体，看到的都是一样的人的"剪影"，因此就从抽象和想象的"人我一律"出发，依靠"推己及人"的逻辑去看待人，要求人，构建道德规范。这是一种落后于当今时代的思维方式。相反，如果了解人的社会存在和人的个性的现实多样化、多元化，在"光天化日"之下看待每个人的生命和行为，我们会发现每一个人都是独一无二、不可替代的。这样去考量人的道德境界，也会是另外一种思路。

　　要想走出蒙昧的"黑暗"状态，就要解放思想，实事求是地进行观察和思考。为此，就要首先破除一个迷信：以为道德的真知，来自仰望圣贤的"星空"，而不是人类自己切实的实践。

（黄亮）

人生是条大辫子

西方谚语说："猫有九条命。"如果这是指猫可以"死九次"，那么就意味着同一质量的生命可以重复多次。那么人呢？人有几条命？人的命其实比猫的命更多，更大。这里的"多"和"大"，不仅是指数量，更是指质量。

传统的观念总是以为，人的生命存在是二维的，即"肉体＋精神"。而且，人们还以为，作为一种动物，人的肉体是一种自然存在，与其他动物并无本质的差别，唯有精神，才是人之为人的特有标志。由此就可以进一步推论出：人的命运，主要是由人自己的"精气神"决定的；人活着，就是要活出一种"精气神"来。自古中西方论人，都强调要追求自由、博爱、仁义道德等，都是着重于精神。

但马克思却不满足这种理解。马克思对人的看法是：人的生命不是简单的一维现象（一堆血肉），也不是仅有二维（"肉体＋精神"），而是三维的。就是说，我们每一个人都有三重生命：自然生命，社会生命，精神生命。就像现在大家已经公认的，人的年龄可以有三个：生理年龄，心理年龄，社会年龄。

人有自然生命，也就是生理生命。人作为大自然的一种生灵，从生到死，饮食生息，三灾八难，五痨七伤，九死一生，这些情况大概都有，跟动物也差不太多。这是人的有形生命。人的有形生命至少也可以达到"九条"。何以见得？屈（原）子有云："虽九死而无悔。"这不就是说，人的追求和意志，可以在肉体死生"九次"之中保持如一吗？

人有社会生命，也就是人的社会存在。这是最重要的，但以前未被注意和理解。人非野地自觅自食的鸟兽，也非石头里蹦出来孑然一身的孙悟空。人，既是自己父母的子女，也是自己子女的父母，有着各种社会身份，承担着各样的权利和责任，体现着各自相关的文化。这一切的总和称作社会关系。个人存在于社会关系中，即个人具有社会生命。没有社会生命的个人就不是一个现实社会的人，而只是一个符号，或一只动物。即便是孙悟空，在出生以后，也要在花果山入群任职做美猴王，也要漂洋过海拜师学艺，也要应召上天当差行役，也要跟着唐僧取经、给悟能悟净当师兄、降魔擒妖，最终才成就其"人生"。实际上，我们每一个人在家庭和社会中都扮演着各种角色，承担着各种权利和责任。一个人在这个社会中作为一个"什么样的人"而活着，他是否"活着"，"活"得如何，就在这些角色和角色所联系的社会责权中体现出来；每担当一个角色，就有一重社会生命。所以就有"政治生命""道德生命""职业生命""市场寿命"之说等。

社会生命与自然生命之间，是可以相对分离的，因此而演化出许多只有在人类社会才能见到的生死现象：罪犯被"剥夺"人身自由和政治权利多少年，他的这部分社会生命就"死"了多少年；体育运动员的职业生命往往比较短，这是这种角色的社会条件和竞争所致；有些人虽然肉体已经消失，而他的家属和后代仍然能够以他的名义，或凭借他的庇荫，享受种种特殊权益，这个人的社会生命仍在延续……人的社会生命并不在肉体生命之内，而是存在于人所展开的社会关系。因此，自然生命与社会生命有时能够分开："有的人活着，他已经死了；有的人死了，他还活着。"

有趣的是"社会年龄"这个字眼儿。它实际上是标志人的社会生命的一种"刻度"。有人直到五六十岁时，还被周围的人叫作"小×"；而有人则年纪轻轻就开始被称为"老×"或"×老"了。这一切都与各人所处的社会环境，个人在这个环境中的地位、形象等相关。人的社会生命似有形似无形，在有形与无形之间，只看人是否知道它。一个人的社会生命究竟有多少条，恐怕一言难尽，但可以肯定不止"九"条。

人还有精神生命。精神生命也就是人的思想和精神的存在。人在生理上总有生老病死，社会角色也总会变，权利和责任可以予夺，但人的精神和思想却可以"超乎天地外，不在五行中""思接千载"。反过来，有些人虽然活在世上，他的"心"却已早早死去。"哀莫大于心死"，一个人的"心"已经作废，他在自己心中就没有了自己，在他人和后代的心目中自然也留不下什么痕迹。无形的精神生命，却是人最有自主权的一条性命。

个人头脑中怎样理解自己？怎样设计和追求什么样的"自我"，为"主观的自我"或者"观念的自我"？一个人的精神生命以其"自我"观念为基础：人头脑中关于"我"是什么、不是什么，从哪里来、向何处去，为什么而活着等观念，决定了他在精神上是一个什么人，同时也指挥着他如何做人，做什么样的人。"有志不在年高，无志空活百岁""人生不满百，常怀千岁忧""哀莫大于心死"……都是强调人之精神生命的意义。伟人的社会生命可能会随着时代变迁而逐渐消失，但其精神生命却能够长久存活于后人的思想文化中。相较人之肉体生命、社会生命，其精神生命更具伸缩性：短时如电光石火，一闪即逝；长时则如日月经天，常照人间。

人生好比是一条不断生长着的辫子，由"三股"头发编成，每一股头发都有许多发丝。人的一生又好比是一部音乐作品，有调式，有旋律，有节奏。每个人的一生都在演奏自己的曲调，表现自己的旋律。有的是气势宏伟的交响乐，有的是优美华丽的奏鸣曲，有的是哀婉动人的小夜曲，也有的是喑哑呜咽、不成曲调的悲鸣，或者是狂妄鼓噪、刺耳难听的嘈杂……

假如一个人的"自我"是他的生命场所形成的坐标体系，那么他的"三重"生命就是这个坐标的三个轴。个人的肉体的自然生命、社会生命和精神生命，整编而成一个客观、现实的"自我"，不能用愿望想象和文饰所代替的"自我"。不管知道不知道、自觉不自觉、谐调不谐调，每个人都在用三条生命编织自己的人生：

用各种养生和体育锻炼来加强自己的人，是在珍惜和强化自己的自然生命；

追求成就和奋斗，用业绩塑造自己形象的人，是在珍惜和强化自己的社会生命；

献身于真善美的思想和品德的人，是在珍惜和强化自己的精神生命。

平凡者之平凡，在于他们的社会生命、精神生命与肉体生命一同生死进退；伟大者之伟大，在于他们的社会生命和精神生命远远超出肉体生命的局限，而对他人和社会有更广大、更长久的贡献；渺小者之渺小，则在于他们的社会生命和精神生命远不及他们的肉体生命的分量。

（闫莉）

婴儿吃奶与人性善恶

公元 1993 年 8 月 29 日下午，狮城新加坡，首届国际大专辩论决赛现场。

辩题：人性本善 VS 人性本恶

对阵双方：正方—台湾大学代表队 VS 反方—复旦大学代表队

经过唇枪舌剑的精彩辩论，最终，抽中"人性本恶"辩题的反方复旦大学队获胜。然而，反方获胜，人性就真的恶了吗？赛后，记者采访复旦大学的辩手，问了一个有趣的问题："如果你们当初抽到的是'人性本善'，你们有信心赢吗？"他们充满信心地回答："同样能赢！"可见，在这样的辩论赛中，追求的是舌战艺术的高下，而不是命题的真假。

于是问题来了，既然恶也能赢，善也能赢，那么人性究竟是善是恶呢？

我们知道，有史以来，基于"人性善"假设而构建起来的各种学说体系，和基于"人性恶"假设而构建起来的各种学说体系，已有很多，而且各有其用处。从"人性善"出发，社会的管理和教育就会以肯定和保持人性为导向；从"人性恶"出发，社会的管理和教育就会以约束和改造人性为导向。两种不同的路子，会产生不同的效果。人性到底是善还是恶，这个问题已经争论了两千年，但是，究竟孰是孰非，它们有没有一致性，若有一致性怎样一致，却始终没有争出个究竟。

从当代价值论的研究来看，之所以争不出个结果，是因为争论的命题本身，一开始就错了。问题出在，把善恶当成了人之"本性"，用价值判断代替了本质认识。把"人性"与"善恶"直接挂起钩来，仿佛人一出生，就一定会先天地固有"善"或"恶"的属性。在这一点上，争论双方似乎完全一致，没有分歧。于是就集中到究竟是"善"还是"恶"的判断上来。两种主张都可以举出一些实例来支持自己，并且还能进一步发挥：从哪个假定出发，更有利于管理和教育人？效果更好？用实践来检验，同样也可以说得头头是道。但是，越到后来，这场争论就越成了"'人本善'与'人本恶'，立足于哪种假定更有用、更有效"。就是说，人们需要的，只是"够用就行"而不是"孰为真假"，这就等于把原本属于真假的问题，偷偷地换成了价值问题。价值问题的回答必然因人而异，于是争论也就停留在"公说公有理，婆说婆有理"的状态，难以言明了。

其实，可以破解这个千年难题的起点，在于回到这样一种意识："善恶非'性'也！"从这一意识出发，可以重新界定问题，使它成为一个既可以讨论，也可以验证的问题，找到判断其真假的依据。

"善恶"是最典型的价值词。它和"美丑"等所有价值词一样，都不是指任何事物所固有的属性。无论"人性"还是"物性"，都不会先天地具有"善"或"恶"这样的属性。关于人性之"善恶"

的陈述，并不是一个科学的反映和描述，而是人类对自己最初本性的一种评价判断。价值是一定客体与一定主体的关系状态，或称客体对主体的"意义"。人们怎样评价判断人的本性，其实是随着人自身的变化、人的生活和实践发展、人与人的社会关系状况而不断改变着的。因评价者的地位和立场不同，人们的评价也必然不同。这就是自古有人认为"人性善"，有人认为"人性恶"的由来。两种观念的争论，是不同价值观念的争论，其输赢并不说明人性本身的"善恶"。就是说，从描述人性的意义上看，断言人性善与断言人性恶，两个命题皆为假；从其表达确有其事的价值观念的意义上看，则两者皆为"真"。

其实应该说，"人性"是人类判断一切价值的尺度，但若用来评价人性本身，则使用的尺度必定是某个特定（时代、人群）的"人性"。就像镜子能够映照万物，但不能映照它自己一样。要让镜子照镜子，就必须另有镜子。

面对烦琐的理论辩驳，我们不妨举个例子：婴儿生下来就吃奶，这无疑是人的本性、天性使然。那么吃奶是善还是恶？"评价说明评价者"，这就取决于人们看待此事的立场、角度和方法，即言善恶者自己的心态：

有人说，吃奶是善，是美，孩子积极吃奶，说明他有活力；乖乖地吃奶，符合大人对他的期望；孩子依偎在母亲的怀里，是一幕美好温馨的场景，所以才有很多艺术家，用绘画、音乐、诗歌、舞蹈等各种艺术形式，充分展现哺育婴儿场景的善良与美好，这难道不是人世极大的善吗？

也有的人说，你看，人一生下来，就只知道吸母亲的精血，只知道往自己肚子里吃，少一点、慢一点都不行，这不是证明人性自私吗？自私怎能是善?！

　　这两种价值判断，看上去虽然彼此对立，但它们的评价根据和方式，其实是一样的。这就是，以自己现在的善恶标准为根据，给婴儿吃奶这一客观事实，也是代表人的天性之一的必然现象，附加上了它原来没有而在今天人们所看重的不同"意义"。这也很像当年韩非所说：对于同一种食品（糖稀），孔子和盗跖（强盗头子）都说是好东西。但孔子说这东西可以养生；盗跖说它可以用来粘门闩（入室盗窃）。这就叫"评价说明评价者"！

　　诚如《庄子·秋水》云："物固无美恶，皆因人之心成而识之。"（《庄子·秋水》）价值是主体性的，所有的评价都在表明评价者自己是怎样的立场和好恶，而不是描述或定义客体。在评价问题上，正所谓"仁者见仁，智者见智"。善良的人看别人总是充满同情心；诚实的人对花招诡计往往缺少提防；消沉的人看问题也总会显得灰暗；乐观的人却总是看到事情的积极方面。他们在对客体进行评价时，表达出了自己。

　　话说回来，既然我们人类是以自己为镜子，照出世间万物和人自己行为的善恶美丑，那么我们一定会事先肯定人性是善的。唯其如此，我们才会从心底里信任人，依靠人，亲近人，对人类抱有信心。这是一种价值观念的基础。

　　基于这个理由，我们宁愿从总体上相信"人性善"。因为我们是人！

（黄亮）

谁是那个"自我"

有一则笑话：

> 保罗到约翰的店里理发。约翰一边理发，一边出了一个"脑筋急转弯"考保罗："有一个人，是我父母所生，但他既不是我的兄弟，也不是我的姐妹。你猜他是谁？"
>
> 保罗半天也猜不出。约翰告诉了他答案："那就是我呀！"
>
> 保罗觉得这个问题很有趣，就回去考他老婆："有一个人，是我父母所生，但他既不是我的兄弟，也不是我的姐妹。你猜他是谁？"
>
> 他老婆也猜不出来。保罗得意地对她说："那就是理发师约翰呀！"

还有一则类似的笑话：

> 有个差役，奉命押送一个犯人，这个犯人是和尚。

一路上，差役生怕丢失什么，就不停地念叨他带的这几样："公文、包袱、行枷……和尚，还有我。"和尚见他如此，就趁他睡着的时候把他的头发剃光，然后跑掉了。差役早上醒来清点："公文在，包袱在，行枷在，和尚……和尚在哪里？"搔头思索时，发现"和尚在这里"，于是他大叫起来："我在哪里？我不见了！"

像保罗和差役这两位不懂得"我"是什么的人，实在很少见。但这两个极端的例子并不是毫无意义的。在我们的生活中，找不到"自己"的事儿，其实并不少见。听听社会上关于"自我"的议论，你就会发现，有很多有悖常理的说法，让人感到奇怪和迷惘。

比如，你可以发现，人们时常把"自我"请出来，让它担负起艰巨而光荣的使命："自我批评"呀，"自我改造"呀，"自我完善"呀，"自我牺牲"呀，等等。总之，越是在有麻烦的时候，就越是显出对"自我"的重视和依赖。这时的"自我"，是一个有权利、有责任、有担当的主体，表示"我在场"。同时你又想不到，人们有时为什么会对"自我"那么敏感，有那么多的忌讳、猜疑和防范。经常看到和听到"战胜自我"呀，"超越自我"呀，反对"自我中心"呀，等等。按照这一类教导和呼吁，"自我"仿佛是一个坏字眼儿、一种负面能量，代表着人生中应该抛弃、禁止和超越的那一面。

如果认真起来，把这些说法放在一起，就会困惑：究竟应该把"自我"当作一个什么对象呢？是依靠对象，还是斗争对象？如果既是依靠对象又是斗争对象，那么是谁来对它既依靠又斗争呢？它是不是人？它有没有"自我"？它对自己的"自我"是不是也要"超越"和"战胜"……

矛盾和困惑，来自对"自我"的两种不同的理解：一种是心理学上的、狭义的"自我"；一种是哲学上的、广义的"自我"。

心理学上说的自我，仅限于"精神自我"，指个人的一种心理状态，是自我意识的一种形式。比如，奥地利学者弗洛伊德分析人的潜意识时，发现了"本我""自我""超我"三种状态。其中"自我"比"本我"高级，比"超我"低级。因此，用"自我"超越"本我"，用"超我"战胜"自我"，是人的自我意识从低向高生成发展的过程。但这几个"我"都是"我"，不是"无我"或"非我"。

哲学上的"自我"是一种反身指代，指一个完整的、灵肉一体的主体自身。"自我"既包括人的精神、意识、主观的存在，也包括人的肉体、现实、客观的存在。这个"自我"，可以包容心理学上的"本我""自我""超我"，但不限于它们。因此，这个"自我"只是在区别于"非我"和"无我"等意义上使用。

在我们中国的语言中，"自我"就是任何形式的人和人群"自己"。它是人对自己的存在和意识的概括。人人都有"自我"：张三有，李四也有；个人有，集体也有；阶级、民族、国家有，人类社会也有。谁使用"自我"这个字眼儿，"自我"就是指谁自己。张三的"自我"就是张三本人，李四的"自我"就是李四本人，"人类的自我解放"就是人类自己解放自己，"社会主义社会的自我完善"就是社会主义制度自己完善自己。

但是，当人们把心理学的含义做了不适当的模仿与放大以后，却出现了一些排斥"自我"的意向和说法，使话语变得不通，甚至荒诞了。比如，流行的"战胜自我"之类的说法，就是很可疑的。

如果是完全按照弗洛伊德心理学上"自我"的意思，那么它的适用范围是一定的，不可滥用；如果是不晓其意而照搬或误用了，也尚有情可原；如果是明知其意而借此来欺世唬人，就未免无理了。

排斥"自我"的前提是，有意无意地以为，"自我"是一个可以脱离每个言说者自己，在某处独立存在的固定不变的"他者"。这种思维，既造成了保罗和差役式的笑话，也为某种偏执的价值观说教提供了"理论根据"。

一个人、一个主体，如果是他自己"超越"自己的现状，自己"战胜"自己的弱点，这叫"自我超越"和"自我战胜"，是一种前进，一件大好事；如果所谓"战胜自我"，是让别人来战胜我，"超越自我"的目标是变成"非我"，那么这样的口号还是合理正常的吗？还是应该提倡的好事吗？

可见，怎样看待"自我"，取决于提出"你在哪里"这个问题的人。

如果你知道是自己在思考这个问题，那么"自我"就是你自己。

（雷冠）

东海之波

　　说到中华传统文化，人们常常觉得难以简单地描绘它。虽然有人极力用或儒家、或道家、或法家等学说来概括它的思想体系，但与中华民族历史上和现实的所作所为相比，各家学说未免都是"管中窥豹，只见一斑"，无法据以辨认中华文化的完整思绪。虽然有人向上溯及神话传说，力求用"三皇五帝"等"人文先祖"来厘定中华文化的源头，结果却总是发现，这些"先祖"都只能算是某些华族分支的源头，并未包含西南、西北等一些少数民族的祖先……总之，无论从哪个角度看，中华文化都不是由一个单一脉系传承的文化；中华文化的主体，也不是一个单一纯粹的民族。因此，中华传统文化并不是一套单一传统的文化。一些按照"文化""传统"和"种族"的定义来观察中华文化的人，总会觉得是"盲人摸象""神龙见首不见尾""丈二和尚——摸不着头脑"。

　　其实，这其中既涉及认识中华文化的方法问题，也涉及如何预设"中华文化"研究的对象问题。

　　中华文化是谁的文化？或什么人是中华文化的主体？当然是整

个中华民族，或全体"中国人"。这是首先要明确的。就是说，中华文化不是仅仅属于个别民族、地区，或某些群体流派的文化。那么谁是中华民族的成员？泱泱中华，五千年久矣。正是伟大的中华民族共同体，缔造了灿烂的中华文明。中华大地上原有许多部族和民族，这些民族经过长期共处、交流促进和共同发展，最终融汇成一个多民族和谐的大家庭。即使是人口最多的汉族，历史上也不是一个原生的单纯民族，而是在许多小民族多次交汇、融合的基础上，经过一场场伟大的自我创造而形成的。如今的中华民族，已是56个民族的整体。它是一个历史主体，也是一个现实主体；是一个实践概念，也是一个综合了种族、经济、政治和日常生活要素的文化概念。正是中华民族这一主体的形成，使得中华文化绵延不断，并始终保持活力。

从历史和现实看，中国每一个民族都有自己的文化，每种文化在不同时期也各有其特点和收获。对此，我们可以拿出无数的例证和细节展示中华传统文化的特色，随时在具体的情境中体会它。但不能"只见果实，不见果树和大地"，不可停留于表面现象和具体成果而忽视了它们的整体联系和历史脉络。我们更应该看到，正是使56个民族密切地凝聚成一个命运共同体的相通血脉和命运纽带，造就了中华民族共同体文化特色的生命力源泉，具有无可替代的优势地位。这种血脉和纽带，首先来自中华民族宏伟博大的主体精神，它是中华优秀传统文化的灵魂和主动脉。

其次要明确，整个中华文化的特色和优势何在，它与当代中华文化又有着什么样的关系。经常有人将中华传统文化与中华文化混同，认为它们说的是一回事。其实，中华传统文化并不等同于中华文化，中华文化实际上既包含了中华传统文化，又包含着当代中国正在发展中的文化。因此，谈到中华文化的特色和优势，就要着眼于中华文化主体本身及其主体精神的力量。这种主体精神，就是"自强不息""厚德载物""大象无形"的精神气质。这种精神气质总体上表现为，每个民族和个人"自强不息"的进取意识，与整个文化体系"厚德载物""大象无形"的宏伟气质之间的和谐统一。中国的有识之士，自古以来即秉持着这"自强不息""厚德载物"的精神气质，从来不怕改变自己，处变不惊，乐于和善于学习借鉴世界上一切有益的东西，兼容并蓄以成就自己。

以哲学思想为例。中国哲学的特色，在于以人为主体，将天、地、人融为一体的思维方式和以"厚德载物""大象无形"为取向的人文精神。这一思维方式早在先秦时期，在儒、道、墨等诸子百家学说的相互交流和汇合之中，就已经形成并表现出来了。中国传统哲学一向以人而不是以神为本，因此形成了人本主义的信仰和道德体系。在国家社会层面上，它强调以"厚"为德，主张要有大地一样的胸怀，包容和承载万物，使之充分生息繁衍。所以它对内对外都主张"和而不同"，追求"海纳百川，有容乃大"的境界，从而使中华民族具有了宽广、从容、厚重而机敏的胸襟气质，进而为自己造就了"大象无形"、不拘一格、气象万千的独特文化景象。正是这种汇合百家、与时俱进的哲学风格，使中华文化的传统不是单一的而是复合的，不是绝对的而是相对的，不是凝固的而是流动的，不仅是古代的，而且是近现代的。

中华文化的精神气质，在实践上就表现为文化上的开阔胸襟，广纳兼容；求实顺变，不拘一格；善于学习，为我所用。文化上的开阔胸怀、兼容并蓄，造就了中华文化海洋一般的广阔性和丰富性，使得我们的文化不断接受和积累起各种各样的丰富资源，可以取之不尽、用之不竭。文化上的求实顺变、不拘一格，则造就了一种自我发展、自我完善的主体活力，顺应而不是抵牾历史大势，求实而不务虚名，使我们的文化能够为谋求民族的生存发展及时地提供最大的选择空间，而不致僵死凝固。文化上的善于学习、为我所用，造就了一种敢于和善于面对世界多元文化的同化吸收能力，既能广泛吸收别人之所长，不断更新自己，又能保持自己的个性鲜明，使我们的文化始终具有巨大的内部亲和力、凝聚力。"海纳百川，有容乃大"，因其有容而大，亦因其大而更加有容。没有人能够使它澄清如一池净水，也没有人能够使它污浊如浑水。它稳如泰山，又始终以欢迎之姿态接纳你。它永远自成一派风景，展现它那无限的风光、蓬勃宽厚的生命力。

《世说新语》中，曾用一个比喻来形容和赞美人的胸襟博大、气度雍容："汪汪如东海之波，澄之不清，扰之不浊。"其实用它来比喻我们中华文化，是更加恰如其分的：

百川奔聚，万古不竭；动静自在，风光无限；澄之不清，扰之不浊！

（吕建伟）

佳肴的历史在厨房

"岳飞爱国还是秦桧爱国？""袁世凯是窃国大盗还是救国功臣？""抗战胜利究竟是共军还是国军打下来的？"……近年来，似乎已有定论的一些历史叙述，也遭遇了颠覆性的质疑，重新成为争论的焦点。其中有些"颠覆"激起了人们的反感：我们的历史观怎么了？我们的是非观怎么了？

从历史观的高度来看某些混乱和争执，可以发现我们是受到了已往偏颇、片面、不科学历史观的惩罚。因为，这些混乱大都起源于一种理想化、绝对化的思维习惯。过去很长一段时间里，我们习惯的是一种传统式的"童话史观"，或者叫"神话史观"。这种历史观的叙述，经常以"应然"代替"实然"，用合乎理想的尺度去选择和评价历史人物及事件，结果使历史被说得像童话一样美好温馨，像神话一样超凡脱俗。比如，中国自古以来的很多圣贤、英雄、烈士等正面人物，永远被描述成"高、大、全"的；他们从事的正义事业，也必须是一往无前、所向披靡的；好人不会犯错误，受挫折，当然更不可能有任何"污点"；只有坏人和魔鬼，才会从外表到内心都丑陋愚蠢，因为他们专事捣乱，必然受到应有的惩罚，不值得任何关照和同情……这种思维习惯，在当年八个"样板戏"中得到了最充分的贯彻。

这种理想化和是非截然两分的叙述，本意也许是要歌颂生活的美好，张扬正气，引人向上，因此也为世世代代的文化宣教所采用。对此可以理解，亦无可厚非。但有得必有失。在把历史一概黑白分明地、标签化地叙述中，也往往藏有过度简单化的隐患。其效果，却使人们对历史的印象背离了真实的历史进程，使人们关于是非曲直的认同变得过分简单而脆弱。

这种简单脆弱的心态，是在思想比较封闭的历史条件下形成的。思想一旦开放，人们的视野开阔了，各种信息渠道也更畅通了，这种心态就受到了冲击，还有可能被颠覆。例如，有人发现历史并不像过去听到的和看到的那么简单、那么纯粹，其中有些与传统说法相反的现象和资料：过去有名的坏蛋，其实也做过一些好事，并不像说的那么坏；某个备受崇敬的英雄，也曾犯过错误，出过洋相，并非时时处处都那么"高大上"……于是他们就受不了，思想就混乱了，以为过去知道的都不真实，历史并非一片阳光，而是一团黑暗。这种被一些"碎片"遮蔽了的历史眼光，成为今天"历史虚无主义"泛起的土壤。

"碎片史观"是说，人们忘记了历史的大势、主流和整体面貌，却被一些"真实的细节"误导，从而得出了违背历史真实的结论。因为历史上的事实和过程本身，从来都是面目复杂、曲折多变的。越是与我们渐行渐远的人物和事件，其内心活动和过程细节就越是容易模糊不清，从而给人们的解读和想象留下更大的自由空间。这样一来，要想就某个昔日的事件重新做出评价，那么必然会因言者自己的立场、视角和选择不同，出现人言人殊的局面。似乎只要有心，谁都可以找到，或凭借猜测和想象来"补充"某些事实环节，用以编制出自己想要的"剧情"。用碎片来使历史虚无化的人，凭借的就是这样的本事。

要想不被这样的虚无主义所困扰，我们需要懂得历史过程的真实性，懂得区分现象和细节的不同意义，并且怀着对前人理解和尊重的心情，去观察和思考。

打个比方。在我们的历史叙述中，社会进步的成果，就像是摆出来的一桌佳肴，非常醇香诱人、光鲜亮丽。它在供人尽情享用品尝时，却不能使人忘记了厨房里的艰辛。如果你去过厨房，就会知道那里并不像桌上佳肴那般光鲜亮丽，那里的操作更非始终有条不紊、干净整齐。厨房里有即将端上酒桌的半成品，更有尚待加工的食材原料，甚至还有必定产生的厨余垃圾；厨师动作有时很随意，并不那么讲究干净利落，甚至有时也会手忙脚乱得一塌糊涂，争争吵吵也时而发生……然而，这正是一桌佳肴诞生的真实过程。

我们的每一历史进步的成果，其实也是如此。欧洲有句谚语说："只要结果好，就是好的。"每一时段的历史进步，都是来之不易的。其间不仅一定会有勇敢、智慧和辉煌，而且注定会有曲折、惨痛、牺牲和代价。我们不能只承认一面，不承认另一面。就像不要因厨房里有过杂乱，就否定了一桌佳肴；也不要因为有了一桌佳肴，就不承认厨房里有过的杂乱。有些人似乎特别喜欢到历史的垃圾堆里去寻找材料，专挑那些已经被社会进步淘汰、为历史进步所否定的东西来说事，这其实是一种很庸俗的低级趣味。

说到底，我们看待人类历史和中国历史，应该把它当作"自家"的事，去考察先人走过的路程，分析其中的得失。目的是为了我们自己更自觉地继承发展前人的事业，担当起历史使命。从这样的立场出发，就可以跳出"要么一味挑剔埋怨，要么玩物丧志、坐吃山空"那样堕落的心态，培养起一种中华儿女的浩然正气！

佳肴的历史在厨房里。我们正在制作新的历史佳肴！

（胡海涛）

"认祖归宗"不可任性

2011年1月11日，一尊身高7.9米、基座1.6米，由17吨青铜铸造成的孔子雕像，悄无声息地竖立在了中国国家博物馆（简称"国博"）的北门广场。国博北门面对天安门城楼和长安街，西邻天安门广场，与人民大会堂遥相对称，处于具有特殊政治与文化意义的地理位置。孔子像竖立在这里，无疑具有很重要的象征意义。

为此，社会各界进行了各种解读，争议热烈，支持、反对者皆有之。有支持者曾联名撰文，认为天安门前立孔子像，是复兴中华文化、重建中华民族精神的必经之路，象征着中国正在彻底地走向国家民族的认同，是文化上的认祖归宗。甚至有学者认为，应该将孔子像竖立在更加重要的中心位置上，只有如此，才能沟通历史，建立共识，恢复传统。但反对者认为，孔子只是中国传统文化中儒家一脉的始祖，并非整个中华文化的唯一至尊；自古即有老子与孔子并列，所以还应在另一侧（大会堂）对应的位置上，再竖一尊老子的雕像。当然，也有更多人心生疑窦：这样做是否具有合法性？在代表今日之国家形象的天安门广场上，让孔子与马、恩、列、毛、孙中山的巨像依次并立，究竟是代表谁的形象？其中是一种怎样的逻辑？……于是，在众声喧哗中，孔子雕像在国博北门默默伫立了100天，之后又悄无声息地离开了。

这场悲喜剧说明了什么？仔细想来，除了说明在新时代搞"独尊儒术"行不通外，它还提醒我们：文化上的"认祖归宗"，也须慎重，不可任意而为。特别是在代表国家民族整体形象的意义上，不可轻率而为，失去自觉。

"祖宗"这个词，具有很强的中国特色。它不仅指血缘关系上的前辈先人，还包括先人所提供的思想体系、所制定的规范系统，等等。因此，在源远流长的中华传统文化中，"祖宗"已不单是一个实指，也具有了比拟的意义。"认祖归宗"和"祖宗不可违"，是中国文化传统中很重要的一个道德原则。"数典忘祖"也成为中国人不能容忍的背叛行为。但实事求是地从历史文脉的意义上说，不仅人人有自己的"祖宗"，每一民族、每一国家、每一宗教，甚至每一流派、每一行业，也都有自己的"祖宗"。因此要认明"祖宗"，先要明白自己是谁才行。不可以轻率，彼此代替，错认了祖宗。

比如，就中华人民共和国来说，天安门城门上方悬挂毛泽东的画像，这是确认新中国缔造者的代表；每逢重大庆典的日子，在天安门正前方的广场上，则有孙中山的画像，因为他是中华民族进行民主革命的先驱代表。这样的设置，是为了鲜明地体现新中国（中华人民共和国）的国家性质和历史定位，并没有混淆中华民族不同时代的不同"国家"形态，因此也意味着没有忘记如今的"国家"主人是谁，没有忘记"新中国"的来龙去脉。

再比如，当邓小平说"老祖宗不能丢"的时候，他是站在中国共产党人的立场上，把马克思主义的思想理论和战略策略、党的优良传统比喻成"祖宗之法"。这也是一个旗帜鲜明地坚守马克思主义政党的宗旨，从党和党领导的整个事业出发的思考和结论。在这里，他把马克思主义的创始人比作"老祖宗"。同时，当邓小平提出"一国两制"方针，为实现祖国统一殚精竭虑的时候，他又从整个中华民族的立场出发，把"一个中国"当作中华各民族共同的"祖国"来看待。这时，"老祖宗"则是指中华各民族的世代先祖，祖国是由世代先人所缔造的"祖传之国"。这样的主体定位，指引中国进行着一场史无前例的探索。

可见，在不同层次和不同意义上，"祖宗"也像"正义"一样，有许多"面孔"。每一家流派都可以认同自己文化传统意义上的"祖宗"，但无权把自家的认同当作唯一的标准。怎样"认祖归宗""光宗耀祖"，也必须分清自己的身份，即认清各种社会角色之间的关系，充分了解角色所担当的权利和责任，否则就会发生定位错误，或者把自己的祖宗强加于人，或者错认了别人的祖宗，"烧错了香，拜错了牌位"。国博孔子像失效的原因就在于，错以为可以把儒家的祖宗，当作新中国这一全新国家整体的祖宗。

诚然，中华文化的复兴需要继承和发扬包括孔子思想在内的优秀传统文化；但是，优秀传统文化并不等于孔子和儒家文化。儒墨道法、诸子百家曾为中华文化奠定了早期的基础。在自身长期历史发展中，又不断有外来学说和文化传入。中外不同的文化相互吸收和融合，造就了中华文化的博大精深、生机无限。就整体而言，中华文化的最大特点是兼容并蓄，海纳百川，"大象无形"。正因为如此，各种"认祖归宗"也要自我定位清楚，跟上时代的发展。

（赵立伟）

"半杯水"的悲喜剧

　　人们常拿"半杯水"的比喻来说项：乐观主义者只看到下面，说是"满"的；悲观主义者只看到上面，说是"空"的。若仅仅如此，那么悲观、乐观就尽可随人所好，无须研究了。甚至还可进一步认为，乐观主义源于一种低标准、低水平的态度；悲观主义则来自高标准、高水平的企求。若是如此，那么悲观就总比乐观更深刻、更高明。通常人们总觉得悲剧比喜剧更深刻、更恒久、更伟大，也许与此意识不无关系。

　　但不管怎样，片面总是不健全的。越是健全合理的生活态度，越不应该单方面地、静止地只讲"苦"或"乐"。片面是一种静止、孤立的观点。其毛病，主要是缺少历史感，无法解释真正的历史和人生，更不利于形成实事求是的建设性共识。

　　如果仍用"半杯水"这个比喻，那么具有历史感的思考是，首先对面前这"半杯水"的来历做出追问：它是从满杯减下来的，还是从空杯涨上来的。就是说，如果对其涨落趋势有个整体的动态观察，那么形势究竟是可喜还是可悲，人们应该和能够做些什么、怎样做，最终还是可以有个分辨的。

作为"半杯水"悲喜剧之争的典型，关于我国改革开放以来社会上的道德状况，确曾有过"滑坡论"与"爬坡论"的辩论，而"半杯水论"则是对二者的完全否定，说它们都是片面的。这种说法和比喻，乍看起来挺客观、公正而超脱，其实是文不对题，并不能解决问题，没有意义。"滑坡"和"爬坡"是对"涨落"趋势的动态判断。"滑坡论"的逻辑是，我们的道德水平"过去高，现在低"，即过去在"坡上"，现在滑向"坡下"；相反，"爬坡论"的逻辑是，我们过去是在"坡下"，现在的道德水平虽然也还不高，但是处在一个向上攀登的态势，需要继续努力。

不难看出，这里的"悲观"判断（"滑坡"）和"乐观"判断（"爬坡"），都是出于各自不同的历史思路和逻辑前提。两者之间，关于什么是道德，什么是道德高下的标准，怎样判断过去的和现在的道德状况，乃至关于我国当下道德建设的导向（回归还是向前）等，都有不同的尺度和依据。因而在理论上，它们代表了两种不同的思想体系；在现实的实践中，两者之间也是无法调和折中的。

事实证明，没有动态的历史思维，就不能真正揭露和回答重大的现实问题。有些人只凭感觉，看到一些如意或不如意的现象，就盲目地乐观或悲观。更有些人，专门搜集那些如意或不如意的材料，以偏概全，从理论上做出令人盲目乐观或悲观的结论。他们都缺少历史的、现实的整体思维，不是立足于具体的历史，而是过分依赖了自己的感觉和意愿，所以常常静止地、孤立地看形势、看问题，从而流于肤浅和片面。

面对同样的现实，究竟是悲观还是乐观，有一个很重要的界限——言之者的立场或自我定位：他是站在什么地方看的；他在拿谁说事，是否包括他自己。如果他只是一个旁观者，那么无论悲喜都与他无关，他可以很轻松地拿别人说长道短，"站着说话不腰疼"；如果他是一个参与者，那么他属于社会上的哪种利益群体，他代表社会上的哪种力量，则决定他的悲喜倾向。无论是悲是喜，他都会进一步有所追求。这一点恰恰是可以而且需要加以分析的。

按理说，正在重新崛起的中华民族，目前最需要的是这样一种"谨慎的乐观"态度：因为我们是中华崛起的参与者、担当者，所以我们面对一切成就和不足、挑战和对策、危机和机遇，都保持应有的自觉和自信。这是一个健全积极的生活态度，这是一种正当的社会主体意识。只知道坐享其成，满意时就盲目乐观，不满意时就怨天尤人，对社会只有"候鸟式的爱"，对他人一味挑剔，却从不想有所担当的态度，其实是一种寄生虫式的人生态度。而对人生善意且有担当的人们，既有权享受生活中的幸福和快乐，也有责任担当生活中的挫折和苦恼。这是我们的自信和"谨慎的乐观"的由来。

总之，我们的人生态度应该是：对该快乐的快乐，对该担心的担心，因为我们是现实生活的追求者和创造者！

（鹿林）

"潜台词"更真实

"潜台词"是一个戏剧术语，指在台词中没有直接说出，但观众通过思考都能领悟出来的人物用意和剧情本意。所以，导演在指导演员表演时，常常要求演员在说出台词时，一定要领会角色的内心，尽量表达出潜台词的意思。

比如，同样是一句"你好"，当你面对久违的亲朋，或面对常见的熟人，又或面对念念不忘的宿敌时，说出这两个字的口气肯定是大相径庭的。这就是潜台词的作用。潜台词往往比台词更符合角色的定位，更能代表言说者的真实内心。所以，剧本决定整出戏剧的质量，而一个演员要能演好角色，光靠背诵剧本的台词还是不够的。他一定要对角色的生活、历史和内心活动有深入的把握，才能塑造出鲜活的人物形象，才能成为一个优秀的表演艺术家。

日常生活不是演戏，人生不是专门为了做一番表演给人看的。但俗话说："戏场小天地，天地大戏场。"人生和戏剧也有相通之处。我们每个人既是自己人生的"剧作者"，又是"演员"。因此，在我们言行举止的背后，也都有自己的"剧本"，包括"台词"和它背后的"潜台词"。这套"剧本"和"潜台词",将决定我们每个人的人生质量。

人生的潜台词,往大了说,是你的"三观"(世界观、人生观、价值观);往小了说,是你行为的具体动机、目的、偏好和品位,等等。这些是你人生真实地位、经历、需要、追求和能力的自然凝聚。它们就是你的真实,这一点不会有假。但在文化多元、世事纷杂的现实生活中,常常有各种因素形成压力,让人们往往只在意"台词",却不便、不敢或不善于说出"潜台词"。这就使得许多事情变得复杂起来,真假难辨、善恶混淆、是非颠倒的事,也时有发生。

比如说要"弘扬传统文化",于是,有的地方就忙于大兴土木,兴师动众地翻修"古迹",东修一座庙,西建一尊塔,用新的金碧辉煌代替原有的古朴沧桑;有的人则忙于"从娃娃抓起",组织孩子们像模像样地读古书,穿古装,磕头作揖,全然不顾孩子们的需要和感受;还有的地方修建刻有古代诗词的"文化墙",用有大量错别字和"二十四孝图"之类充满腐朽气息的故事,给人们树立"文化墙没文化"的样板……试问:"弘扬传统文化"为什么要闹得这么轰轰烈烈呢?这像是中华文化本身的风格吗?回答是:"醉翁之意不在酒。"人家的潜台词里,并不在意什么是传统文化,怎样才能弘扬优秀传统文化。他们在意的,不过是借此之名"发展旅游,振兴经济"而已。可见其潜台词中的真实目的,一是"扬名",二是"发财"。

还有,在"美丽乡村"建设中,一些地方毫不顾忌地域特色和区域审美观念的差别,不在构建形神俱备的村镇上下功夫,而是照抄照搬城市中旧城改造的思路,热衷于"大拆大建"。这样做的结果是，传统村落布局和环境风貌遭到破坏，历史文化失去传承。究其深层次原因，还是对台词中的"美丽"二字，做了别出心裁的解释：什么"美丽"？只有权和钱才美丽！

一旦形成了"好话人人都说，实话没得用场"的氛围，那么，对"台词"精益求精，无限追求"高大上"，却与潜台词背离且越来越远的情况，就会成为一种潜流。这一点，在腐败干部的表演中，表现得最为鲜明，最为充分。落马贪官们的讲稿，哪个不是写得冠冕堂皇、正气十足？而且他们念稿时，从来都是一丝不苟，不敢差一个字的。这说明什么？说明稿子是由别人对照"正确的台词"编写出来的，与他自己究竟怎样打算毫不搭界。所以，他的潜台词只是"不要念错"！

台词和潜台词都是文化。林林总总的事例都证明，潜台词就像纸里包不住的火，是最真实的。大家都认同"有话好好说，有事好好干"，这就是在认同和弘扬一种优质的文化。但究竟是"真好"还是"假好"，区别往往在于潜台词。有人总是说错话，做错事，给自己惹祸，如果他只想在背诵台词和表演技巧上找原因，却不知道要从端正"三观"和提升自己做人做事的品位上反思校正，那么他也只是舍本逐末，一定会洋相百出、心劳日拙的。

所以，我们要建设和弘扬优质的社会文化，提升自己为人的文化修养，关键还是要从根子上做起，从端正提升"潜台词"的品位开始。

（赵章彬）

"脸蛋"和"脊梁"

　　作为人的"生活样式",文化总是有很多显形的"体",每一种"体"的形式下都负载着隐形"魂"。魂本身虽具有"潜在性"或"隐形性",但它的作用却非常明显。文化之魂总是决定着文化之体的形态和走向。所以,观察和理解文化,不仅要见其有形之体,更要识其无形之魂。要善于从每一层具体的事物和形式入手,去体会和把握"魂"之所在,寻求"魂正、体谐"。

　　但现实中却有一种偏向,就是往往更在意文化的"体",只急于找到能够看得见、摸得着的东西,却不注意它的"魂"。例如有人以为,文化产品越多、越赚钱,就越有文化;或者以为,越是通过"文化人"来作秀,就越能代表时下的文化;等等。在这种情况下,往往越是"重视"文化,越是热衷于炒作文化,其效果就越是相反,不仅会造成整个社会文化发展消费化、短期化、低俗化、浮躁化,而且会压抑文化生产力的解放,阻碍文化境界的提升,总之越显得"没有文化"。

　　不久前揭露出来那个已经折腾了五年的"中华脊梁奖",就足以成为一个典型的案例。

据《国际金融报》2011 年 7 月 21 日的记者报道，曾经轰动一时的所谓"中华脊梁奖"，原来是由几个子虚乌有的"野鸡"机构炮制出来的骗局。根据该报记者的不完全估计，五年中上当受骗者达到数千人，主办方敛财更是数以千万计，这可谓是一场依托市场运作制造出来的文化闹剧。事情已经过去了几年，人们也从多方面总结了它的教训，但多半是着重于揭露和谴责它的庸俗动机以及运作不规范。其中有些问题被忽略了：什么是我们文化的"脊梁"？到哪里去看我们文化的"脊梁"？我们究竟要追求什么样的文化层次和文化境界？

实际上，在这场以商业运作偷换文化内涵的闹剧中，最应该引起警觉的，还不是"投机赚钱"这种表面的行为。"投机赚钱"行为，自应由市场规则和法律校正之，对此并不难想象；而其所投之"机"本身的存在和蔓延，才是更具有文化深度和社会普遍性的问题。具体到这个事件上，可以直截了当地说，社会上存在着不懂得"脊梁"与"脸蛋"区别的现象，即实际上并不关心"脊梁"，而只是热衷于"脸蛋"。用"脸蛋"代替"脊梁"的这样一种风气，正是滋生此类投机行为的土壤。

中华民族的"脊梁"这一说法，原本出自鲁迅的《中国人失掉自信力了吗》一文：

我们从古以来，就有埋头苦干的人，有拼命硬干的人，有为民请命的人，有舍身求法的人……虽是等于为帝王将相作家谱的所谓"正史"，也往往掩不住他们的光耀，这就是中国的脊梁。

鲁迅的意思很明显："脊梁"是指为了国家民族的前途而奋勇献身、坚持不懈的人，其地位往往并不显赫。为此他还特别强调，一定要区分"脊梁"和"搽了粉的脸蛋"：

> 要论中国人，必须不被搽在表面的自欺欺人的脂粉所诓骗，却看看他的筋骨和脊梁。自信力的有无，状元宰相的文章是不足为据的，要自己去看地底下。

而在"中华脊梁奖"这里，据记者查询，历届"获奖者"实际上是受骗上当者的名单中，原央视领导、著名导演、著名主持人等"各界名人"赫然在列，却没有那些埋头苦干的蓝白领工人、农民和科学家。按理说，既然是"各界名人"，而且多数是媒体和演艺界的"文化人"，那么更应该把他们看作当今中国的"脸蛋"才是。"名人"之著名，正是因其"显露于世人面前"。在我们的文化中，虽然名人未必不起中坚作用，未必一定不能代表大众，但如果所谓的"脊梁"仅仅是在名人的范围内观测，那就有以浪花代表河流、以"脸蛋"甚至是"搽了粉的脸蛋"代替"脊梁"之嫌了。而那些急于当这样"名人"的上当者，也暴露出文化上的一点缺陷——对真正"脊梁"的无视和不知。

一个民族的文化，是这个民族生命历程的凝结。一个民族的文化形象，可以比作一个活生生的人的身心状态。既然是一个活生生的人，那么"脸蛋"当然要有，而且总是越漂亮越好。但是，脸蛋的光鲜，总是要以体魄的健全为基础，这样才能够真实、持久。而"脊梁"正代表着人的体魄。脊梁是人体的骨干和中轴，并内含人的中枢神经系统。它通常是不外露的，不大看得到的，除非光着膀子或照 X 光。

把"脸蛋"当作了"脊梁"，甚至当作了文化的全部，活脱脱地显示出一种急功近利的浮躁和浅薄。这正是我们最需要警惕和防治的文化病态。

现在真正需要的，是挺直我们的"脊梁"，而不是忙着给"脸蛋"抹粉。

（王杨）

"名人"与钻石

    钻石是自然物中最坚硬的存在，佛教称其为"金刚石"，同时也把一些达到一定成就的修炼者称为"金刚"，比如"四大金刚"，拥有"金刚不坏之身"等。这其实是一种比喻性的评价，说明这些人是人中的钻石，潜台词是"品质优良"。

    但现实生活中，有些人不是自然达到"钻石"品质的，而是通过各种手段把自己塑造成"像钻石一样"的状态，于是就成了"名人"。"名人"也和钻石一样，有"天然"的，也有"人造"的。如今是科学技术和商品经济大行于天下的时代，钻石也是人造的多于天然的，这当然并不是坏事。不管天然的还是人造的，只要它们货真价实、童叟无欺就行。然而"货真价实"的标准，是要"人造的"向"天然的"看齐，在质地、性能、形状等方面，要是愈接近大自然千百万年造就的那样可靠愈好，而不是相反。这就是"名与实"的关系。

    "名人"要具有钻石般的品格，首先要有一点自知之明。这就是与"知名度"相对的"自明度"。如今社会上欺世盗名、自造"名人”和利用名人以追名求利的手段，已经发展得相当老到。综其原因，莫过于“知名度”是一个非常重要的财富和资源。因此，追逐它、开发利用它的人也非常多。

比如，个别在学术上并未真正下功夫，也谈不上有什么真正学术成果的人，却能依靠“权术＋钱术”，给自己造就“名人”和“名著”效果。其办法说来也很简单，就是先攀附权势，拉权威名人来坐镇，或是题名或是作序；然后再以权威名人做诱饵，弄到“赞助”和其他通行证；有了权钱开道，就可以大造声势，开发布会，买版面或镜头，堂皇露相；如果实力雄厚，还可以进一步弄个什么“奖”之类，就大功告成。至于他写的东西到底是什么、怎么样，通常是没有人细问的。如果有专家认真起来，提出什么怀疑或商榷之类的意见，则有各种各样的说项来让其意见失效，比如“新生事物”啦，“保护积极性”啦，“多从正面鼓励”啦，甚至说你“观念陈旧”啦，“文人相轻”啦，等等。总之，一旦“社会”认为它“需要”，这个名人就算诞生了。而开头拉到的名人，在这里似乎起到了“保护神”的作用，其实不过是糊里糊涂地当了一回广告道具。

把名人变成欺世盗名者手里的工具或道具，固然和名人自己的疏忽有关，但这不只是个人的悲剧，也是社会的悲剧。如果形成了这样的社会风气，人们老是不管三七二十一，就把名人牵到他的专业所长之外，让他现身表演、逢场作戏、受苦出洋相，也未免过于残忍，看着令人痛心。

对于“名人”和想成为名人的个人来说，“知名度”一定要有“自明度”来垫底。个人于名利上所需要和可求得的东西，终究都是有限的，不可能什么都得到。那么想求什么样的名、什么样的利，就不能不有所取舍。务必要心中有底，才能取得明白，舍得明白，活得明白。

一位诗人曾说："虚荣的人注视着自己的名字，光荣的人注视着祖国的事业。"其实，如果把自己的名字与事业紧紧联系在一起，注视一下倒也无妨。但说到底，应该注视的是事业。古往今来的真正名人，是靠自己实实在在的成就和影响立足于世，在人们的生活和记忆中流传开来的，像瓦特和蒸汽机、马克思和《资本论》。这些伟大的名人自己并不曾谋求"大名垂宇宙"，不曾用一毫的心思去乞求官方或媒体的赏识。他们只是关心着人类的事业，用自己的创造，甚至是为时人所不解、不能容忍的奇思异想，去开辟一个新的天地。只要人们生活在这样的天地里，他们的名字就自然地不朽了，像是熠熠生辉的钻石。

我们生活中这样的名人远远多于被树碑立传的人。所以，要想当名人，最好的办法就是"小写"自己的名字，"大写"自己该做的事业。如果情况相反，那么留在人们心中的，最终将不是一个名人，而是一个像乌鸦般聒噪不休的"鸣人"。

社会不仅需要名人，也能造就名人；人们既崇拜名人、推崇名人，也决定着名人的命运。如果代表一个社会掌管"造名""授名"权力的人们，不懂得自己究竟需要什么样的带头人，不会从长远的整体利益出发去对待他们，不会爱护名人、检验名人，而只是一味迁就眼前的得失，矫揉造作，甚至为了制造"名人效应"而不惜自欺欺人，那么在这个社会中产生的"名人悲剧"和"名人丑闻"，也将祸及四方、殃及子孙。所以"社会"也要有"自明度"。社会的责任就是大家的责任。我们每个人，特别是手中有一定权力和影响力的人，都不应该忘记。

　　个人于名利之中懂得美丑荣辱，守之有节，便是一种为人的境界；国家社会于熙来攘往之中，有扬善抑恶之规，导之有序，行之有效，便是一种治世的景象。

（陈阳）

萝卜不必羡慕白菜

在生活中，人们经常会陷入一种选择的迷茫之中，不能认清自己，不知如何选择自己的路。尤其是在生活中遇到挫折和困难的时候，就更加流露出对别人成功的羡慕，甚至羡慕别人的出身、职业、生活方式，等等。这种具有普遍性的心理活动，反映了对自己人生的认识和判断，尚未达到主体性的境界。

其实，人生最重要的选择，就是选择做好自己。是什么种子就长什么枝叶，结什么花果，不必一律都长成参天大树。如果我是萝卜，就开萝卜花，结萝卜果。萝卜长得好未必就不能创造纪录，无须面对杨柳松柏自惭形秽。"是萝卜就不必羡慕白菜"，这应该是一个人能够"自立"的根本心理依据。

"萝卜不必羡慕白菜。"萝卜有萝卜的生命和价值，白菜有白菜的生命和价值。萝卜的生命和价值，不是白菜能代替的，也不是松柏树能够代替的。认识这一点，是种好萝卜的前提。但是，问题来了：这是不是"命由天定"的天命观？凭什么我生下来就只能是萝卜，而不能是高山？凭什么一个庶人、草根，就不能有"王侯将相之志"？不是要"修齐治平"吗？不是说"不想当将军的士兵不是好士兵"吗？到底应该听谁的？

这里的理论问题，是如何处理好人生中"实然"和"应然"的关系。

人生中的"实然"，主要即"我是谁"。这是指人的生命存在和社会存在的现实状况。其中有些是已经确定了的、不可更改的现实，比如一个人的出身、年龄、性别，他所处的国度和时代，他所面对的社会环境和历史条件，等等。这些大多是不可自主选择的，只能是某些自主选择的前提、基础和限定范围。同时，人生有些要素，虽然并非先天确定，而是在生活积累中变化着的，如知识、能力、智商、情商、人缘等主体资源，但它们也不是可以直接选择的，相反却往往直接决定个人怎样选择。

人生中的"应然"，主要即"我应该怎样"。从本质上说，个人的"应然"是可通过个人自主选择来确定的。但是，并非任何自主的选择，都能带来合乎理想的效果。一则，选择有自觉不自觉、正确与错误之分；二则，即使是"正确"的选择，也是因人而异的，不可能所有人都是同一个模式。因此，任何人为自己做人生选择时，都离不开自己的起点和支点。这个起点和支点，就是他的"实然"。只有立足于实然的应然，才有可能实现，不至于沦为妄想和空想。

所以，当陈胜说"王侯将相宁有种乎"的时候，他是看到了王侯将相和自己一样也是人这个"实然"；当古人号召读书人立志"修齐治平"的时候，他们是看到了统治阶层需要人才这个"实然"；当拿破仑说"不想当将军的士兵不是好士兵"的时候，他也是看到了从士兵中选拔将军这条经验的"实然"。尽管陈胜、追求功名的古人和拿破仑之间差别较大，他们的经历各有得失，但他们的这些选择，大体上都还是没有离开选择者的"实然"，都是想让自己成为所向往的"应然"的"人"，而不是神仙或猛兽。

就是说，萝卜选择让自己成为大萝卜、好萝卜，而不是企图变成白菜或松柏。这样的"应然"选择，是合理的、有志气的、也可能实现的选择，这样的"应然"是有根的，即是有"实然"的逻辑作后盾的应然。反之，如果放弃了好萝卜不做，偏要去当白菜，那么其后果可能反而得不偿失。

我们拿宋徽宗做例子。宋徽宗的职务是皇帝，但他偏偏把自己定位成一个画家，一心以一个好画家的标准要求自己。虽然他的确画得好，然而历史对他的评价总体还是负面的，因为他没有干好皇帝该干的事，把首都丢了还当了俘虏。按古人的话说是"玩物丧志"，按现在的话说就是丧权辱国。其实当时的社会上并不缺少画家，却严重缺少国家命运的担当者。宋徽宗等于主动放弃了自己应有的权力和责任，这才导致他人生的最大失败和耻辱。

一个人最终成为什么样的人，是由他一生的选择和角色构成的。同时人又是多维的，人的角色也是多种多样的。他可以是儿子和兄弟，也可以是朋友和对头，在一个阶段他是单身汉和情人，在另一个阶段他是丈夫和父亲，然而他一生走过的路，成就了他自己。在一生中，几乎每一步都面临着大大小小的个人选择，有些选择是个人自觉有意识地做出的，有些则是在无意中顺其自然而做出的。但无论如何，选择的核心都是要担当起相应的权利和责任。懂得这一点，才能自觉、有效地选择和创造自己的人生。

（陈阳）

"屁股"与"脑袋"

　　"是屁股指挥脑袋，还是脑袋指挥屁股"，这是一个很常见的比喻。"屁股"，是指人的当下立场及与其相关的眼前利益；"脑袋"，则指人们关于价值选择和行为决断的思考倾向。

　　"屁股指挥脑袋"常用于表达一种负面评价，批评只考虑自身眼前利益的狭隘、短视的庸人主义。例如1882年，伟大发明家爱迪生在纽约建起了第一座发电站，他用三台110伏直流发电机，为数千家庭的白炽灯供电（白炽灯是爱迪生数年前完成的另一项重大发明）。而他手下的一名年轻助手特斯拉，搞出了交流电系统，可以解决直流电远程传输的困难。但为了维护自己在直流电系统的产业利益，爱迪生用各种手段拼命打压交流电，丑化交流电的名声。尽管如此，交流电最终还是势不可挡地走进了千家万户。

　　1886年，当西方世界还是马车的天下时，德国人卡尔·本茨（他后来创立了"奔驰汽车公司"）造出了世界上第一辆由发动机驱动的汽车。马车的从业者们对汽车恨之入骨。他们通过议会出台了对汽车（包括早期的蒸汽汽车）的歧视和限制措施，如规定汽车时速不准超过 4 英里或 6 英里；开汽车的必须雇个成年人举着红旗在车前多少米外引路；汽车与马车会车时，汽车必须在 100 米外就停下，低眉顺眼让马车先行，等等。但 20 年后，在绝大多数场合，马车还是无可奈何地被汽车取代了。

爱迪生反对交流电与马车抵抗汽车的各种阴险怪招，为后世所耻笑。在日常生活中，"屁股指挥脑袋"的情形并不罕见。没挤上公交车时拼命往上挤，一挤上去马上转身对车下的人大喊"别挤了"；自家的孩子与别的孩子吵架了，不问是非，总是帮自家孩子；各部门的领导，总是先为各自的部门争利益；等等。

许多人觉得，"屁股指挥脑袋"是理所当然的。人的存在决定人的意识，人的利益支配人的行为，这不是"唯物主义"的常识吗？"在其位，谋其政"，代表哪个利益集团，就为哪个利益集团说话，这不是很正常吗？

其实，从唯物史观的角度看，"屁股指挥脑袋"并非完全没有道理。人们的思想意识和行为选择，最终是由其利益决定的，这是人的存在和发展规律。但是讲到这里，还只是对了一半。另一半道理，也是不应该忘记的：人对自己立场和利益的认识，还有完整与残缺之分；人们关于价值选择和行为决策的思考，还有盲目与自觉之分。

因为，人们的利益并不直接推动人的行为选择，而是首先反映到人的意识中，再由人的意识来支配行动。但人的境界不同，看到的世界景象和利弊得失也会完全不同。有些人被狭隘的立场和眼前的局部利益控制；有些人则能端正自己的立场，看到总体的长远利益。

在许多情况下，人们对自己"究竟是谁"理解得并不完整，对眼前利益与长远利益的关系看得也未必清楚。比如，小孩生了病，打针时恐惧惊慌，拼命拒斥。他不知道打针对治病有效，不知道怎样治好病而只怕屁股痛。成年人则懂得"恨病吃药"，打针时一般就会很自觉、很老实。可见，这时还得是"脑袋指挥屁股"。

　　说起来人的行为最终都由人的立场和利益决定，但不同的人对自身存在（立场）和利益的体认不同，反过来也会影响立场和利益的选择。所以总体上说，正常的人都是"屁股支撑脑袋，脑袋指挥屁股"。

　　一辆货车在公路上侧翻，满车的柑橘撒了一地。附近的村民有的在用袋子装柑橘往自己家里拎，觉得有好处就得拿，不拿白不拿；有的帮司机收拾柑橘并制止抢拾的村民，这些人认为遵德守法才是长治久安之道，是大家也是自己的最高利益所在；也有一些人只是围观，既不愿意趁火打劫（严究起来是违法犯罪，是个更大的危险代价），也不愿去帮人，明哲保身就好。他们都认为做了对自己最有利的事，这些村民的屁股原本也是坐在一起的。

　　自我定位偏差，迷失于眼前利益、局部利益而违背自己的长远利益、整体利益，实际上反映了当事人思想认识水平的不足和视野的局限，是"被歪屁股搞昏了脑袋"，陷入了被人嘲笑为"用下半身思考"的窘态。

　　而另一些人，认清了自己和广大人民一致的利益，自觉地站在人民和历史潮流的立场上。他们懂得怎样坚守自己的原则，追求自己的理解，立场坚定而策略灵活，善于兼顾自己的眼前利益和长远利益，能够做出经得起历史考验的正确选择。这就是"屁股坐得稳，脑袋指挥灵"。

总而言之，屁股和脑袋之间，是这样一种"辨证关系"：屁股坐得稳，才能眼睛看得清，脑袋想得正；眼睛看得清，脑袋想得正，才能屁股坐得稳。

（雷冠）

圣诞老人？我们有 12 个

"圣诞节""复活节"等原是西方基督教社会的重要节日，如今在中国也有红火起来的迹象。不少国人对此深感忧虑：难道本土的节日譬如春节、端午节，对年轻人不再有吸引力了吗？长此下去，中华文化的脉传，岂不会中断？

说起这种节日文化的兴衰现象，我们需要有深切的关注和思考。

节日文化是民族传统文化的一个明显标志。民族传统文化的兴衰，往往联系着民族主体生存状况和生活方式的进退。人们喜欢或不喜欢过什么节日，并不是孤立的、完全随意的，而是和人们的社会生活节奏、精神生活追求相联系的。

拿春节和圣诞节来比较，首先应该看到它们在根本性质的一致之处：二者在各自的社会传统中，都是最盛大、最受重视的节日；二者都代表着各自信仰体系的核心内容；二者都是在漫长的历史过程中保存下来的文化标志；二者都以生活中的幸福和快乐来吸引人们参与……呈现出的这些不同的文化样式，是由于民族或信仰主体不同，主体的具体历史条件和经历不同。

既然如此，那么为什么在一向习惯过春节的中国，会有被圣诞节"入侵"之虞呢？难道真的如有人所说的，这是基督教信仰具有"普世性"，而中国人缺乏信仰所导致的吗？显然不是。因为基督教的信仰并不具有"普世性"。这一点不必由道教、佛教、伊斯兰教或其他宗教来说明，就基督教本身的三大教派（天主教、东正教、新教）来说，也很难统一。况且，中国人的传统节日，也是中国式多元信仰的产物，并非缺乏信仰的标志。

　　实际上，有一个深刻的问题值得思考：传统的信仰方式，如何在世俗化、现代化的过程中不断调整和变化自己，以有效地适应主体生活方式和精神需要。

　　在比较春节与圣诞节的功能时，我们可以看到一个有意义的细节：在满足人们"回家团聚，享受亲情"这一点上，春节与圣诞节一向具有同样的人情味和同样的号召力。而不同的是，春节的中心人物，一直是成年人、长辈和家长；而圣诞节的中心人物，却逐渐突出了"孩子"。那个富有人情味的"圣诞老人"，在表达对孩子们的特殊关爱方面，显然更具亲和力。吸引了孩子们的热心，实际就是抓住了整个家庭的心，整个社会的心。一代又一代的儿童，成为过节的最积极成员，因此也就成为节日繁荣源源不绝的动力。在近现代商业化的运作模式下，这一资源被充分发掘，也刺激了相关文化产业链的发展，从而营造出了浓郁的节日氛围，使圣诞节的吸引力，远远超出了基督教信众的范围。

　　相比之下，我国古老的、形成于农业和乡土生活方式的春节习俗，如何能够贴近现代化的城市和乡村生活，进而创新传统风俗和节日文明？这个问题尚未引起足够的关注和应对，这才是它有"式微"之虞的原因。

比如,一般说来,传统节日的价值和魅力,大多在于让那些平时以个体方式分散活动的人们,以一定的理由和形式聚汇起来,以表达和享受相互之间的情谊与关爱。这正是文化中的"节日之魂"。正因为如此,每年"春运"的返乡潮流,才成为春节的"第一景观"。而如今生活在现代城市中的人们,平时饱尝忙碌和拥挤,更在意节日的"放假",以享用平时难得的个人休整、娱乐和交往自由。要知道,自2011年起,我国城市人口总数第一次超过了农村,城市生活将越来越成为主流。在这种情况下,要让人们乐于聚会,就不能仅仅沿袭旧的理由和形式,而需要重新挖掘"节日之魂",提供新的具有普遍性的理由和形式,使人们依然乐于和易于参与。

那么,我们是否可以模仿西方,也来弄一个"圣诞老人"?完全不必。即便你弄了,那效果也不会比现在更好。但我们应该并且可以做到的,是创新节日文化形式,让节日文化充分回归和体现"以人为本"的人文精神。

例如,我国原本有自己的、面向所有人的"春节老人"。春节就有"生肖年"之说。"生肖"本来指人的属相,是说人的。十二生肖即可相当于12个中国式的"圣诞老人"。但由于各种传统偏见和落后习俗的禁忌,人们"龙年说龙,虎年说虎",却反而越来越忽视了人。那还有什么意思呢?如果反过来,借十二生肖来说"人",那么就大有文章可作了。比如每逢春节,大家可以一起给进入"本命年"的人一份特殊关爱,让进入本命年的老少几代人一起接受大家的赞美和祝福,并留下下一个"本命年"的期待,在12年的一个轮回中企盼属于自己的生肖年。此时每个人、社会各界都有机会参与。媒体、商界、服务业也来开发相应的资源，烘托相应的氛围，制造出节日的热点和亮点……

这样的春节和节日文化，还会衰落吗？

（温泉）

有必要"相互洗澡"吗

前些年有个口号喊得很响，就是"毫不利己，专门利人"。许多人把它当作培育高尚美德的一个基本标准，主张写进我们的各种道德规范中去。但是近年却不大提了。为什么呢？因为仔细想来，"毫不利己，专门利人"固然是一种很高尚的道德境界，但是拿来作为普遍的道德原则，要求人人事事都要从这一动机出发，却未免脱离现实，并不是现阶段可以实现的目标。

实事求是地说，在必要的具体情境中，尽管"毫不利己，专门利人"显得很"高大上"，要做到这一点，也不是一件很难的事。而一旦要求人们时时处处都要"毫不利己，专门利人"，否则便责备人们不够道德，就显得有些无理，既是强人所难，也未必出于真诚。

有人会说"毫不利己，专门利人"不是毛泽东曾提倡的么？是的。毛泽东赞扬白求恩的精神时说，"一个外国人，毫无利己的动机，把中国人民的解放事业当作他自己的事业"，这是一种国际主义精神、共产主义精神。所以他号召"每一个中国共产党员都要学习这种精神"，并说："一个人能力有大小，但只要有这点精神，就是一个高尚的人，一个纯粹的人，一个有道德的人，一个脱离了低级趣味的人，一个有益于人民的人。"可见，"毫不利己，专门利人"，是毛泽东专门就白求恩的特殊事迹来说的，是对献身于共产主义事业的先进人士来说的，并没有把它当成一切人都要做到的普遍标准。

打个比方。洗澡，是人人都需要的，但不是每个人都能自己洗澡，比如没有能力的老、幼、病、残等人。当他们遇到困难时，就要有人及时去帮他们洗，并且不考虑任何回报。这样的举动，就可以称作"毫不利己，专门利人"。可见在具体的情况下，"毫不利己，专门利人"，是完全可以做到，并值得肯定的。因为这并不违反人之常情，并不那么神秘神圣、高不可攀。

但是，我们能因此就进而主张，应该"人人都不自己洗澡，专洗别人"吗？显然不能。那岂不是把每个人都当成天天帮人洗澡的搓澡工了？实际上，即使真的是一位职业搓澡工，他也必须要每天先给自己洗干净，才能去帮别人洗。况且，在现实社会中，"搓澡工"还是一个领取酬劳的职业岗位，他是要靠此挣钱养家的。这就更不宜人为地拔高成"毫不利己，专门利人"了。

反过来，假如设想实行"人人都不自己洗澡，专洗别人"的普遍规则，那么这个社会将会是什么样子？假如形成"人人都只想洗别人，人人都等别人来洗"的局面，恐怕就会促使人们养成一种惰性，一切都依赖于"等、靠、要"，缺少独立人格，没有主体担当意识。这会对谁有好处呢？

从理论上说，理解"毫不利己，专门利人"，需要区分人类正常的"为我"本性与病态的"自私自利"。"为我"是指人们担当自己权利与责任的主体意识。马克思恩格斯说过：对于人来说，"凡是有某种关系存在的地方，这种关系都是为我而存在的"，而动物不懂得"为我"①；"自私自利"则是指只图为自己，而去损害他人和大家。只有把握这两者之间的界限和分寸，我们才能准确理解毛泽东所倡导的高尚品德的实质。

社会上从来不乏乐于助人、见义勇为之士。但若不加分析、无条件地把这些善良担当的行为拔高至凡事都要"毫不利己，专门利人"，并加以倡导时，却也能引发一幕幕不应有的悲剧。比如，动辄鼓励未成年的孩童奋勇扑救大火却葬身火海。这样的道德标准，反而显得更缺乏道德自觉和自律……

像搓澡工一样，我们社会上一切劳动分工的职业化，是一种普遍性的生活常态。每个人对于自己岗位上的事，尽心尽力做得好，是应该的；做不好，则是不应该的。在这一点上，无论干部还是群众，都应该是一样的。当然，做得好并不容易。所以越是做得好，越是应该受到鼓励。但这些都应以平常心来看待，无须以"毫不利己，专门利人"来刻意标榜自己，或苛求于他人。我们反对的是损人利己甚至损人不利己，而提倡正当谋利和互利共赢。

总之，"毫不利己，专门利人"是一种特殊的高尚境界，需因时因事因人而有不同要求，这样才能区分道德境界的高下。但不宜将这种特殊的高尚境界作为指令性的社会规范，一律责求。否则，很容易导致"于人苛求过分，于己言高行卑"，人己两面，言行不一的虚伪社会风气。

在道德上，我们也还是脚踏实地的好。

（黄亮）

---

① 《马克思恩格斯选集》第1卷，人民出版社2012年9月版，第16页。

自家的"门前"有多宽

中国自古有规劝人们"各人自扫门前雪，休管他人瓦上霜"之说。它的意思是，人人都只要管好自家的"正事"就行，不要放下自家的事去管别人家的"闲事"。多年来，对这句话的理解和应用产生了许多歧见，甚至是无休止的争论。

有些人认为，"各人自扫门前雪，休管他人瓦上霜"是一种理所当然、无可厚非的明智态度。"自家的事"和"人家的事"、"门前雪"和"瓦上霜"相比，孰轻孰重，难道不是明摆着的吗？如果放着自家门前的雪不扫，却去管他人的瓦上霜，这不是轻重倒置、本末错位了吗？谁会干这样的傻事？

有些人则认为，这个比喻所强调的带有普遍性的意见，是一种"事不关己，高高挂起"的消极态度。它教导人们遇事只顾自己、明哲保身，泯灭正义担当的热情和勇气。这是一种犬儒主义式的怯懦和冷漠，绝不是一种应有的积极人生态度。如果人人都只顾自己，那么大家的事情谁来管？

分开来看，这两种看法都有自己的道理，而且都有其合理性：

前者的意见，推广开来就是说，只要社会中的每个人都做好了自己的分内事，过好了自己的日子，整个社会也就自然会幸福美满。因此无须提倡过多地干预他人。如果一个社会里形成了"各人不扫门前雪，专管他人瓦上霜"的局面，恐怕只会使纷争无限，冲突更多，甚至引发暴力，结果更糟、更乱。

后者的意见则提醒人们，不要只看到你自家门前有雪，而忽视了别家门前的，特别是与大家共同有关的雪。他家的"瓦上霜"你可以不管，但他家的"门前雪"，或者公共道路和场地上的雪，与你家门前的雪是一样的东西，就未必全然无关了。如果你要扫的是"雪"，而不止是"门前"，那么就不应该眼光太短浅、心胸太狭隘才是。

两种意见都是替人着想的，也都有道理。那么它们为何一定相互冲突呢？我们能不能把它们的合理成分糅合在一起，构成一个新的、既完整又有益的结论？其实，解决冲突的思路是有的。这就是，首先不要把"自家"和"他人"彼此完全割裂、孤立起来，不要把它们处理成互不相干、非此即彼的两极，而要找出两者之间的结合点和融通的渠道。

要做到融通，不妨先弄清楚几个问题：所谓自家的"门前"，具有怎样的空间时间范围，多长多宽，以何为其界限的标志。

设想：在一个人口密集、住宅相连的街道上，你家的"门前"范围，可能就在与邻家的交界处以内。这样，若每家都扫去门前雪，则整条街道就干净了。相反，如果其中有几家，譬如你的邻居，由于某种原因（道德缺陷、老弱生病、临时外出等）而未能扫雪，那么整条街道就如同未经扫雪一样。在这种情况下，你是否应该适当地关注一下，或者想办法帮助解决呢？按理说，如果"各人自扫门前雪"已经成为共同规则，那么实行这样的规则，也就意味着人们有这样的配套权利与责任。由此看来，主张"各人自扫门前雪"的意义，也并不必然鼓励"醋瓶倒了也不扶"的懒惰、自私和冷漠。

现实的情况既是具体的，也是复杂的。上述设想只是多种的现实条件之一。此外还有多种拓展的设想。

假如你家是一处独立的院落，并无接壤的邻居，那么你要扫雪的"门前"范围，可能就大了许多。如果你扫雪只扫自家门口那一小段，而不是一直扫到与别家或公共道路的衔接处，那么你扫雪的目的是什么？很明显，你这种扫法并不符合通常扫雪的目的。通常扫雪的目的，是为了使自己和他人便利于来往。如果你只扫狭义的"门前"一小块儿，那么你这样做的目的也就很可疑了。

再往远处想一想：用扫雪的本质——为了处理好雪与人、人与自然的关系——来衡量。事实上，雪的存在是全球性的，并非只此一时一事。从一时一事的眼光看来，周围雪山上的雪、喜马拉雅山上的雪、南北两极的雪，显然算不上我们每个人家的"门前雪"。但是，如果人类活动造成的"温室效应"不断增强，致使它们大规模融化成水，那么将会有一天，这些原本遥远的雪，也会成为我们的"门前雪（水）"！

如此看来，想一劳永逸地把自家"门前雪"和他人"门前雪"，乃至各家的"瓦上霜"严格区分开来，在这个意义上主张"各人自扫门前雪，休管他人瓦上霜"，不仅是目光短浅和心胸狭隘的，而且事实上也是办不到的。

那么，究竟该不该"各人自扫门前雪"？怎样做才是对的呢？我们前面的分析表明，"各人自扫门前雪"是应该的，但做得对不对，要看你对"各人"和"自家门前"的范围，究竟如何理解，如何掌握。你家的"门前"究竟到哪里，以什么为界？客观上，并没有一个截然分明、一成不变的界限；主观上如何掌握，则是你的精神境界使然。

这里的关键，在于如何理解人的社会性存在，把握人与人的社会关系的性质和意义。人是一种社会性的动物，人的生命在于其历史文化内涵。这是任何情况下都不能忘记的人的现实性。在老子的"小国寡民"中，人们各自"甘其食，美其服，安其居，乐其俗。邻国相望，鸡犬之声相闻，民至老死，不相往来"。这其实是一种简单化的想象。现实却是，且不说每个人的"食、服、居、俗"都不可能与他人毫不相干，即便国与国之间可以"不相往来"（这在全球化时代也已经不现实了），一国之内的人民也永远需要互相交往、合作，形成公共的空间和共同的利益。"己"与"人"之间，不应该只从彼此区别相异的角度去看，更应该从彼此相关、"和而不同"的高度去理解。

狭隘的、孤立的、封闭的"各人自家"定位，必然导致庸俗、狭隘的利己主义，最终牺牲包括自己在内的所有人的共同利益和长远福祉；现实的、社会的、历史的、开放的"各人自家"定位，则提示人们以合作共赢的方式，去实现包括自己在内的所有人的共同利益和长远福祉。

所以结论是：该不该"各人既扫门前雪，也管他人瓦上霜"，要看你说的"自己"和"他人"彼此处于什么样的关系之中。

（王俊博）

缺钱不是抢银行的理由

在现实生活中，我们总会遇到这种现象：有些人做了错事，却很理直气壮。比如：

"你为何过马路不看红灯？""因为别人都这样。"

"你为何偷拿别人的东西？""因为我需要它。"

"你怎么能耍流氓呢？""因为她穿着暴露。"

"你为何不赡养父母？""我兄弟也没赡养呀！"

"你为何考试作弊？""因为不作白不作。"

"你为何说假话？""因为讲真话没好处。"

"你为何不讲理？""因为他们不讲理。"

……

这些对话中，后面所说的理由，显然都属于"错误归因"之列。从逻辑上说，它们错在"因果错置"——把"内因"导致的结果，变成了决定自己行为的"外因"。我们知道，一般正常情况下，每个人的行为，都是由他自己的思想（内因）所决定的。除非是智力不成熟或有缺陷的人，才是"傻子过年——看邻居"，盲目模仿和从众，受外因支配。而有些智力健全的人也盲目从众，若不是他们故意放弃了自己的权利和责任，那么就可能是他们故意借此来掩盖真实的动机。所以，弄清楚人的行为的真实因果链，查找做错事的思想根源，对于我们提高思维能力，端正自己的"三观"很有必要。

"因为我需要"，是不是做错事的理由？当然不是。因为即便你的需要是正当的，但满足这一需要的条件和过程也有许多可能，不是非要选择错误的做法。你选择了错误的做法，可能是你错误地理解了自己的需要，也可能是你产生了另一种错误的需要——错误的"想要"。

比如，"因为我缺钱，而银行有钱，所以我要抢银行"。如果你确实缺钱，这是真的，那么抢银行的理由也不成立。因为，事实上缺钱的人很多，而为此必须去抢银行的人，却很少见——人们尊重社会的秩序，大多数人想的是怎样通过诚实的劳动挣钱，或者通过合法的渠道借钱、贷款。只有在下述情况下，才有人去抢银行：第一，他失去了理智，想要使用不正当的手段弄到钱；第二，他想挑战银行的保安系统，以证明自己的勇气和智慧；第三，他想代表"正义"，去报复和惩罚那家该死的银行；（后两种在电影中常见）……总之，这类真实的"理由"，都与"抢"银行的行为有联系，却与"缺钱"没有直接的联系。所以说，缺钱并不是抢银行的真正理由。

"因为别人都这样"，是不是做错事的理由？当然也不是。因为：一，"别人"有很多，你所见到的只是其中一小部分，并且很可能是例外的情况，不可以偏概全，断定别人"都"这样；二，别人"不是你，你不是"别人"，只有你自己才有决定自己行动的权利和责任，别人一般没有权利和责任替你分担。

比如，交通规则、考场纪律、诚实守信等公共秩序和规则，往往是代表绝大多数人（包括别人和你在内）的共同利益和意志制定的。因此，执行和维护它们，才是绝大多数人的权利和责任。看到"别人"在违背或破坏它们时，你是站在绝大多数人一边，还是少数"别人"一边，其实是你担当不担当公共权利与责任的问题。所以，你的选择取决于你如何定位自己，不可轻易地推给"别人"，不可揣着"法不责众"的心态明知故犯。

"要看有没有好处，有没有风险"，这是不是做错事的理由？当然更不是。因为历史已无数次地证明，人做事，如果只顾一时的好处，只顾回避眼前的风险，而放弃了原则和自己的追求，那样只会造成长远的危害和更大的风险。比如，人们说真心话，有时就难免因信息或思考的不周全，而犯了错误，说了错话。说了错话，自然会受到批评，也是应该能够加以改正的。社会文明就是建立在正确与错误的不断尝试、较量和检验的基础上的。其中付出了代价，才有了进步。但是，如果一味怕说"错话"，为了规避说错话的风险，就不再说真心话，转而说违心的假话，那么假话盛行起来，必将使社会陷入虚伪的黑洞，使我们不能再享受文明的光明。这才是最大的错事！

总之，做对事还是做错事，做好事还是做坏事，最终都取决于你的"内因"——"三观"是否端正。因为它们才是你的"理由"的理由！

（陈阳）

对不起，我有自己的帽子

20 世纪以来，"知识分子"就成了一个热门话题。在中国和外国，至今拿"知识分子"这个头衔做文章的人还很多，仿佛它不是一顶普通的帽子，而是一顶特别的高帽子。在有些人那里，它就像是厨师的帽子，帽子越高，就表示越有水平、有地位；而在另一些人，譬如"文革"时期的"左"派那里，它又和"牛鬼蛇神"的帽子属于同一系列，是挨批斗、遭唾弃的标志。

那么究竟什么是知识分子？维基百科上"知识分子（intellectual）"的定义是："对社会进行批判性思考、研究及反思并且对规范性问题（normative problems）提出解决方法的人。"具体说来，"知识分子来自文化界，作为创造者或者媒介，通常通过反对、提出或扩大意识形态或维护价值体系而去提出自己的具体主张或维护正义"。从这个流行的说法可以看出，"知识分子"并不是对普通"有学问""有文化知识"，或"各行各业从事知识生产和传播劳动"者的一般称呼，而是特指在政治和意识形态领域、在社会道义层面做出特殊贡献的那些有学问的人。换句话说，它不是泛指一切在知识领域劳动的劳动者，而是特指其中的"劳模"；不是指一般的"人"，而是指某些特殊的"好人"。所以，这已经不是一顶普通的帽子，而是一顶特制的高帽子了。

于是，按照这种定义，社会上就有了一些人，专门来替知识分子考虑：怎样才能达标，配得上这顶帽子。在实践中，由于这顶帽子的尺寸不够精确，人们做到做不到的界限还很模糊，于是又有人进一步发挥，拿出了"独立知识分子""公共知识分子""战略知识分子"等各种各样的标准。比如，专门游走于体制外的，叫"独立知识分子"；专门在自己专业之外的"公共"领域发声的，叫"公共知识分子"；专门思考国家发展大谋略的，叫"战略知识分子"……这些不断加高的帽子，都有同样的意味：想成为知识分子吗？听我的吧！

当然，越是这样，就越会引起相反方面的怀疑，甚至反感：知识分子，就是这样一群不守本分、自命不凡、整天唠叨不休、企图在意识形态领域谋取上位的人吗？若是如此，留他们何用？长久下去岂不成了社会稳定的祸害？！于是就有人天天怀疑、防范、排斥知识分子，一有机会就要教训知识分子：你们以为自己是谁？不过是依附于某种皮上的毛而已！"皮之不存，毛将焉附！"

结果是，一顶高帽子，被贴上了正反两面的标签：或者引以为荣，或者引以为戒。但是，基于某种政治和意识形态导向而设计的这顶帽子，完全撇开了"知识"去讲"知识分子"，说的是与"知识"不相干的个人言行，其实是有"分子"而无"知识"。这样的界定表明，这顶帽子原本就不是给普通正常的脑袋戴的。因此，给它的标签，当然也就贴错了地方。

所以，我们必须正视知识分子本身的社会存在和现实意义。先要弄清楚谁是"劳动者"，再说谁是"劳模"；先知道什么是"人"，再说什么叫"好人"。谁都无权用自己脑袋里的"应然"，代替知识分子历史作用的"实然"。

知识分子，原本就是一些普通的、正常的人。只是由于他们受过教育，掌握了人类文明的精神成果，所以被安排到了从事知识生产和传播的岗位上。就是说，知识分子只因与广义的"知识"有专业的联系，才不同于其他群体。知识分子的特殊性，就在于他们是人类知识、精神文化成果的继承者、生产者和传播者。若离开了本专业"知识"的"分子"，就是和别人一样的人、公民。而"知识"的领域极其广泛，每一个知识分子所从事的，也只是其中一小部分。在这种情况下，如果只用一个尺子，而且还是很狭隘、苛刻的尺子，来衡量知识分子，那就像按某个人的脑袋制作出帽子，却要让所有人都戴上一样，不仅荒谬了，而且侵权了。

"知识"本身，从来就是具有公共性的（所以，所谓"公共知识分子"之类的头衔，无非是胶柱鼓瑟的废话）。在现代社会，知识、科学、文化也越来越成为公共领域、公共财产、公共权利。在这种情况下，对待知识分子最重要的、根本的态度，是充分理解、尊重、发挥知识、科学、思想、文化在社会发展中的作用，这是问题的"理"之所在；而知识分子作为一些个人，则是在社会分工中承担这些作用的具体"人"。一般说来，理是不变的，而人是多变的。要理解知识分子的地位和作用，还是要多琢磨"理"，少算计"人"。要有科学、民主、法治的眼光，如实地承认：知识分子，就是光明正大的"人民主体"成员！

也就是说，你如果是知识分子，就需要在自己研究的领域做好知识文化的继承、创造和传播。无论你从事什么专业，文理工医农，无论你研究社会政治还是生物基因，只要你认真承担自己在社会分工中的权利和责任，就应该被看作是合格的知识分子。至于专业以外的权利与责任，是你和其他人一样的、普通公民的公共权利和责任。在这里，你和所有公民一样，有自己的自由与觉悟，不会因为你是某一专业领域的专家，就一定比别人有更多的贡献或权威。别人也没有权力苛求于你。总之，若没有这样的"平常心"，任何人都不可能真正理解和尊重知识分子，包括知识分子自己。

就是说，知识分子原本有自己的、来自社会生活的合身衣帽。当有人特制了一套用"独立""公共""战略"之类装饰起来的花哨新衣裙、高帽子，跑来让你穿戴时，你完全可以说：

我干吗要穿你给的花衣服？

对不起，我有自己的帽子，不需要你的高帽子！

（王杨）

"先救谁"的话语圈套

"媳妇和亲妈同时掉进水里了，你先救谁"，这个问题可谓是一个时代性的，且看似无解的"难题"。众人在媒体上争论不休，答案也是五花八门。各式"终极答案""搞笑版""神回复"层出不穷：

有的从技术层面回答，说谁离得近救谁；

有的从帮助弱者出发，认为要先救不会游泳的那个；

有的则有较强烈的家族等级意识，认为当然要先救亲妈；

有的还动了"经济头脑"，算计了一下，要救陪伴自己时间更久的媳妇；

也有人认为，单救谁都不对，要么两个一起救上来，要么同归于尽；

......

这个看似娱乐调侃的"道德难题"，如果只限于调侃，倒也算有趣。但若仔细想来，深究一番，就会发现，它实际反映出当代人的一种普遍价值困境，甚至暗藏着一个严肃得令人恐怖的话语圈套。

为什么这样说呢？原因有以下几点。

第一，它把问题的情境设置为：一种行为的对错，完全取决于行为者的动机，根本不考虑现实的条件和过程。比如，当事人一定是水性很好，想救谁都行；媳妇和亲妈都完全没有自救和助救的能力；两人是怎样同时落水的；水情水势如何……这些都一概不经考察和说明，就直指人的内心："你先救谁?！"

第二，它预设的目的，是可以把"二选一"的答案，逼入"你怎样做都不对"的绝境。比如，男子对媳妇说："先救我妈。"媳妇就说："你心里没我。"男子说："先救你。"媳妇则会说："连亲妈都不救，你会在意我? 肯定不是真心的！"……这时的男子，岂不是走投无路了？

第三，从它引出的各种答案看来，这种设问的思路，实际是利用了传统价值观的弱点，强化了某种话语霸权。请看，各种答案归结起来，无非是两种价值观：一是功利主义，全靠计算得失；二是道德规范主义，靠奉行既有的道德规范。这两者之间，有时必然形成不可调和的冲突，于是就成了这个案例中的死结。

那么，两种传统价值观的弱点是什么？功利主义讲究功利算计，在道德主义看来，它必然牺牲伦理纲常，显得无情无义；道德规范主义讲究人伦情感，但它偏向于道德秩序中特别规定的"上位"者，因此在功利主义看来，它对多数人，尤其是"下位"者来说，必然是不公平的。

两种传统价值观之间的这种冲突，是造成"死结"的原因，而它们的共同缺陷，则是解开死结的一把钥匙。它们的共同缺陷是，首先把当事人当成了仅仅有义务而没有权利的抽象符号，当事人并不是一个有血有肉、有个性和条件、有自己角色定位的现实的人，因此有意无意剥夺了他从实际出发做出自主选择的正当权利。

试想，在满足设问条件的前提下，难道一定要想好了遵循什么原则，然后才去救人吗？如果情急之下，抓到了谁就先救谁，这是不合情理的吗？在能救的情况下，"后救"并不等于"不救"。那么"先救谁"还有那么重要吗？可见，把这个问题"无限上纲"到难倒人的程度，是把玩笑开得过头了。

再试想，万一发生了不幸，最终只救上来一位，不得已，眼看另一位遇难。那么，这对于当事男子来说，会是人生中多么大的创痛和愧疚！在这种情况下，有人不是来慰问，而是来质问"为什么不先救"，这难道不是一种过分的无理和残忍吗？谁有这样的权力，来如此霸道地对待他人？

于是可以发现，真正的圈套，是在言外之意中。它所营造的是这样一种情境或心理习惯：有人可以自命站在"真理和正义"的制高点，随时用自设的规则去评判和指导大众，却根本不顾及当事人的实情和感受。有了这种特权，可以做到别人"怎么做都不对"，自己则"怎么做都有理"。这种自信得霸气十足的心理和思维习惯，在哲学上就叫"价值独断主义"，是一种严重病态的价值观。

在价值独断主义的语境下，人们常常生活于各种对抗的强迫性语境之中，遭遇"怎样做都不对"的指责，最终失去自己。所以，我们需要一场"价值解放"。马克思说："任何解放都是使人的世界即各种关系回归于人本身。"① 在文化和主体多元化的社会中，所谓"价值解放"，就是把价值判断的权利和责任统一地归还给实际的主体。只有具体的主体身份清楚，权责到位，各自担当，才是解决纷争的出路。相反，如果主体错位，或规范混淆，标准颠倒，就必然增加梳理不清的纠葛。这既是理解、执行道德与法律规范的前提，也可以成为一种解决纠纷的可行之道，还应成为研制和改进社会规范体系的依据。

价值解放有助于人们体验"从心所欲不逾矩"的自由，从而清醒地找回人自己，更有助于构建"人人平等""各得其所""和而不同""公正和谐"的社会。

（温泉）

---

① 《马克思恩格斯文集》第1卷，人民出版社2009年12月版，第46页。

别拿"机器"吓唬人

20年前，当IBM的"深蓝"打败了国际象棋世界冠军卡斯巴罗夫之后，人工智能的发烧友就曾大胆预言：人工智能将在其与人类的竞争中愈来愈占优势。这两年，当AlphaGo接连击败韩国和中国围棋的顶尖高手，各式机器人也纷纷亮相之际，人们看到，机器不仅在智能和体能上越来越超过人类，而且连外形和气质也开始与人类越来越酷似，两者几乎不分伯仲了。于是有人惊呼：按照这个势头，机器会不会有一天完全超过人类，反过来代替人类，驾驭人类，毁灭人类呢？

问题实在重大而尖锐。对此，两位既是邻居亦是老朋友的张先生和李先生，也展开了对话。

张：很多年前，像AlphaGo这样的人工智能机器人，还只是科幻小说或电影中的假想。你再看看现在，AlphaGo在棋盘边的一招一式和人有何区别？一旦机器人掌握了深度学习的本领，它就肯定会战胜人类！

李：你说错了。机器人是很多人类专家制造的。AlphaGo的取胜，其实是成百上千个顶尖科学家的集体智慧，战胜了围棋高手的个人智慧。所以说，无论人还是机器人获胜，都是人类的胜利。

张：你说的这一点，目前来看可能说得通。但你不懂现在的技术有多先进，更不了解它的发展有多快。谁能保证 N 年之后，机器人不会完全自主地学习领悟，有感情，并且像人一样自我繁殖？到那时，还敢说人类一定会占优势，不会被机器人代替吗？

李：请告诉我，你说的"代替"是什么意思？

张："代替"是说，人类能做的事，机器人都能做，而且效率高，成本低。所以，人自己就没有什么用处，只好靠边站了。（笑）

李："人类能做的事，机器人都能做"，这可能吗？比如人类生命的自我繁衍，培育一代又一代的新人。这样的事，机器人也能做？一位男机器人和一位女机器人能结婚，还能生出小机器人，并让他一天天长大？如果真能做到这样，我倒喜出望外了。如果有机会，一定去喝喜酒……

张：想得美。你说的这种事，机器人当然不能做，也不需要做。也许它们仅仅用生产线，就能制造出大量的同类，而且不用担卫生、健康和教育等方面的风险。

李：既然如此，那么你为什么会担心机器人发达起来，就一定会威胁人类，而不是造福于人类呢？

张：唔……这一点倒是没想过。

李：其实问题正在这里。那些大惊小怪，制造和传播"机器人威胁"论、"机器人恐怖症"的人，大都忘记了这一点。他们是被一种"技术主义的直线思维"牵着走，进入了"价值盲区"，才会这样煽情的。

张：怎么解释？

李：人工智能与人的关系，并不是一个新的问题。早在 20 世纪，阿西莫夫在其名为《我，机器人》的小说中，就想到了这一点。他一开始就意识到，人类制造机器人时，是一定要为其设定价值导向的，不会任凭人无原则地滥用技术。为此他提出了著名的"机器人三定律"：第一，机器人必须保护人类，不得伤害人类；第二，机器人必须执行人的指令，但不得违背第一条；第三，机器人必须保护自己，但不得违背前两条。这三条，其实就是人类在制造机器人的时候，一定要在机器程序里设定的价值界限、价值底线。

张：唔，是得有这三条。不然机器人的本事越大，就会越乱套。

李：阿西莫夫非常负责任，他还按照三定律进行了逻辑推演，看一看仅凭这三条，是否能够解决所有可能发生的问题。《我，机器人》这本小说，就是他设想出来的几个故事。故事描写了在某种特殊的情境或极端的条件下，机器人遇到了三条定律之间彼此冲突的情形，这时机器人应该和能够怎样。这些故事告诉我们：机器人无法在程序之外解决问题。所以我说，这里实际上还提供了一个"第四定律"：当机器人遇到三条定律之间彼此冲突，自己不能解决的情形时，要向人类（它的主人）请示。

张：哈哈！好一个"第四定律"。机器人的权利和责任，又回到人的手里了。

李：就是说，既然是"人工智能"，人类就不会只教它运用知识和技术，而不管它的价值取向和思想感情，更不会指使它们危害人类。如果真的出现了机器人与人类为敌的情况，那么也一定是由于有人，譬如有反人类倾向的坏人，在设计和制造机器人的时候，加进了这样的程序。

张：看来，应该担心的不是机器人，而是某些坏人。

李：对了。我们人类，确实应该好好反思自己，把握自己，都来奉行健全合理的价值观念，防范畸形变态的价值观念泛滥，特别是防范它对高科技领域的侵蚀。否则，后果确实是非常严重的。上面的警示如果不是有意用机器来吓唬人，制造恐怖以浑水摸鱼，那么及时发出也是必要的。

张：呵呵，我可不是坏人，不过是有点担心而已。

李：我也不是。所以，咱俩一起去喝一杯！

（王敏）

麻雀别跟着蝙蝠飞

麻雀和蝙蝠是两种不同的生物，虽然都长着翅膀，都会飞，但麻雀是鸟类，属雀形目、雀科动物，蝙蝠则是哺乳类，属翼手目、蝙蝠科动物。麻雀通常是白天活动，而蝙蝠多是夜间活动。麻雀和蝙蝠各按各的本能和习性生活，其飞行动作、高度、时间、活动区域等，差异甚大。蝙蝠不会因为羡慕麻雀而放弃自己的飞行习惯，不会按照麻雀的飞行标准跟麻雀较劲；麻雀也不会改变自己的飞行习惯，不会按照蝙蝠的飞行方式跟蝙蝠较劲。

这个道理似乎简单明了，但我们的实际生活中却存在许多"麻雀偏要跟着蝙蝠飞"的事。

例如，人人都希望自己过上高质量、高品位的生活。但什么是高品位的生活？哪种时尚是适宜自己的？什么才是自己想要也能要的？有的人自己没有准主意，于是就追逐身边的"时尚"，不假思索地一味随大流，跟着人家跑，以为是走捷径。别人买房买车他也买房买车；别人家买钢琴他也买钢琴；别人到高档会馆消费他也去；别人把孩子送国外他也送。至于这些是否是他自己真正需要，是否适合他自己的条件，几乎顾不上考虑。结果是，一些人身不由己，被各种各样的"名缰利锁"套住，或者债台高筑，或者沦为"房奴""车奴"……

学术界也有一种风气：专门模仿追随别人。他们把偶然遇到的西方话语，当作了必须追逐的时尚。西方有人讲女权主义，就跟着讲女权主义；西方兴起生态"热"，就跟着"生态"起来；甚至西方学术界流行议论某人、某话题、某概念，也跟着满口某人、某话题、某概念。似乎他不讲，就显得没学问，就"out"了。可怜的是，讲来讲去只是重复人家，却没有自己的东西。这样的学问，被讥为"鹦鹉学舌"也就不奇怪了。

甚至在弘扬传统文化的事情上，也有这样的思维方式。有人说："未来一定是东方文化引领世界潮流，因为，现在西方人对东方文化开始重视了！"你看，我们东方人对自己的传统文化的取舍，也要以西方人的兴趣为根据。这就像是"麻雀跟着蝙蝠飞"了。

这种现象的根源是，"麻雀"对自己缺少自知和自信。真正的"麻雀"，是不会干"天天跟着蝙蝠飞"这种傻事的。因为它知道，动物的本性是多样的，大自然并不要求千人一面、千篇一律；它自己的本性是在白天活动，并无理由一定变为夜间活动的动物；它只会把"黄昏到寺蝙蝠飞"这种诗意的情境，当作一种对别人的理解和欣赏，而自己享受在蓝天下自由飞翔的诗意和"早起的鸟儿有虫吃"的乐趣；它知道自己的生活追求，要从自己的实际出发，按自己的需要和能力去争取、创造，而不能追随他人（蝙蝠）的标准和目标；它知道"我就是这样的一个自己，这是任何蝙蝠和其他动物不能代替的"。所以相信，自己的目标应该并能够靠自己来实现，所需要的只是努力，坚持努力！

价值是一种主体性事实，价值总有一个"什么相对于谁有何种价值"的问题，因此，价值就因不同主体而异。一事物、现象、事情，对主体甲有价值，对主体乙则未必有价值；它在主体甲那里显现为这种价值，在主体乙那里也许显现为另一种价值。由于主体的多样性和多层次性，以及现实生活的复杂性，所以不同的主体，不同的生活领域，人们追求的价值目标、依据的价值标准，是不一样的。如果主体甲放弃了自己的价值目标，去追求主体乙的目标；如果用主体乙的价值标准衡量主体甲；如果人们把自身的价值目的、价值标准放弃了，去按照别人的价值标准办事，追求本属于别人追求的价值目的，这就必然导致价值扭曲和倒错。

要告别"麻雀跟着蝙蝠飞"的现象，就应在认识真我、依据真我的基础上，认识外部世界，认识我们面对的真问题，分析这些问题，并采取切实有效的解决办法。我们这个时代究竟面临哪些问题？问题的实质和根源是什么？深入具体的理论和现实中，调研、考据、辨析、思考，而不是望文生义。如果这个功夫做到家了，自然就明白自己的使命是什么，用什么方式去解决问题，什么样的路径、方式才能真正解决问题；也就明白如何把别人的优良因素转化为对自己有价值的资源。如果这样，麻雀就不会刻意地模仿蝙蝠了，就不会跟在别人屁股后转了。

主体真正确立起来了，客观对象真正认识清楚了，还有一个任务：审视我们的价值系统，确立合理的价值标准和价值目的。每一个主体都明白自己的价值目标，依据自己应该有的价值标准，就没有必要模仿别人了，麻雀也没有必要跟着蝙蝠飞了。

（孙美堂）

别拿耻辱当光荣

曾有刊物做了一个调查：在党政机关中，仅县处级干部就有四五十万人。但这些干部中只有10%~15%的人能够在仕途上继续升迁，其余的就属于所谓的"天花板"干部、升官无望一族。由这个调查引发了一场讨论，即对所谓官场的"天花板效应"该怎么看。

官场"天花板"引发的后果似乎很严重。许多官员抱怨，现在当官越来越无趣了。调查显示，70%的受访者认为，45~55岁的官员最容易遭遇"天花板"。一些官员升迁无望，就容易自暴自弃，不思进取，消极怠工，做一天和尚撞一天钟。有些人甚至抓紧机会捞钱捞好处。官场"天花板"竟也成了官员腐败的诱因之一。这就是所谓的"天花板效应"。

一些观点认为，与任何职场一样，官场"天花板"是一种客观存在。仕途无望，动力不足，"天花板效应"的出现有其必然性和合理性。

这话乍听似乎有理，但仔细琢磨，它的意思就是"多达85%以上的官员因为遭遇升迁的'天花板'消极怠工或积极腐败，这是必然的，而且具有'合理性'。"这难道不是很荒唐？无法升迁就可以怠工或贪腐，那岂不是全世界的官场乃至所有职场都该流行怠工症和贪腐病？

问题出在对"升迁"的理解。官场确如所有职场一样，对多数人而言，职位升迁上的"天花板"始终存在，这是由社会组织的管理架构决定的。绝大多数社会组织都是金字塔结构，即使现在流行扁平化结构，其本质也都一样，总是越往高处，职位越少，不可能大家都当 CEO，人人都是国家主席。多数人到了一定层级无法继续升迁，这确实是一种必然。

升迁意味着什么呢？意味着更高的职位、更大的权力、更丰厚的报酬，往往也伴随着更显赫的社会地位和荣誉；但同时也意味着更多的责任、更大的压力，往往也意味着需要你更多的付出。每一种职位所包含的权利与义务，一般说来，都应该是对等的。可现实的矛盾是，这种"应该"的权利与义务对等，往往被不对等破坏。正是在"权利多而责任少"的体制错位中，滋生了大量的腐败，也滋生了这种天天对着"天花板"的心态。

在这种心态中，人们盼望"升迁"的，只是他的职务和权利，而不是他的能力、境界和对国家人民的贡献。你升迁，意味着社会认可你具有承担更复杂工作的能力，而且你也幸运地获得了这个机会。在更高的职位上，你的付出与你的收获原则上仍然是对等的。升迁，并不意味着你可以获得更多而付出更少。倘若你的能力没有得到社会的认可，或者即使能力获得认可，却因更高职位僧多粥少、竞争激烈而没有获得升迁的机会，那么，你应在原岗位上继续工作，仍然履行原有的职责。你可以凭着积累的经验，把工作做得更好，为人民继续做出更多的贡献。这样的思想境界，难道不也是一个忠诚的共产党人所应该提醒自己的吗？你有什么理由消极怠工？

党的十八大以后，反腐倡廉、严管"四风"，使一些人感到，当官确实不如以前那么"滋润"，油水那么多了。但官员过得那么"滋润"，油水那么多，本来正常吗？反腐让当官回归正常，许多官员对此心理不平衡，这说明他来做官的心态根本就有问题。有各种错误想法的人，从根本上就需要端正思想态度。连一般的职业道德都不允许的思路，你当官做人民公仆的反而要理直气壮地怠工或贪腐，岂非黑白颠倒？

所谓"天花板效应"，源于那些天天对着"天花板"发愁的不正常心理。把这种不正常的心理当作理直气壮的理由，其实是把耻辱当成了光荣！

（雷冠）

第 3 辑

×

治政篇

政府"搭台"，人民"唱戏"

世事人生，有很多是可以用戏剧来比喻的。所以我国很多古戏台的两侧，都挂着这样的对联："戏场小天地，天地大戏场。"

在旧中国，国家大事成了帝王家事，老百姓没有参政议政的权利。在茶楼酒馆中，人们有时还会受到"莫谈国事"的警告，极端情形下只能"道路以目"。即使在士大夫阶层，畅谈风月也远比纵论国事来得安全。可是施行这种舆论高压的统治者不但不能江山永固，反而一旦有外敌入侵或内部叛乱，马上就面临亡国灭族的危险。在这种急难时刻，能够做到"无事袖手谈心性，临危一死报君王"的，已是凤毛麟角；更多的都是逆来顺受的"沉默的大多数"。这些历史教训是我们要认真对待的。

在新中国，人民当家作主的地位明确了，国家大事就是人民自己的事。执政党是人民的党，政府是人民的政府，参政议政是人民的基本权利。在理论上，这些都不成问题。但在现实中，人民要广泛地、高水准地参政议政，却还有很长的一段路要走。首先就是我们还没有搭建好公共的平台，让各种舆论围绕公共问题充分地对话。

比如说，现在改革的难点在哪里？国家和社会的关系怎样梳理？市场的决定作用和政府的主导作用，或者说市场经济和政府的主导作用究竟是什么关系？这些都是深化改革开放中的最关键、最根本的问题。

有人说这种搭建公共平台的想法过于理想主义了，目前我们也不是没有平台，只是这些平台之间不太和睦而已，恐怕从古到今就这么你一派我一派，你想弄我，我想弄你，或许还使个坏、耍个奸什么的；这在西方也是常态，只要不借助于政治权力，这样也没关系。这种说法存在两个问题：一是将古今中外混为一谈；二是其所谓"不借助于政治权力"已经暗示了某种公共平台的存在，即在这样的社会中，政治权力自觉划定了自己的边界，保障了各种平台的自由竞争，这在客观上已经建立了一种制度化的公共平台。

那些各自为阵的媒体平台，要发挥建设性作用，前提是其身份要清楚，明码标价，是谁家的就是谁家的。提升这些平台的公共权利与责任意识，当然也是必要的。但现在的多数平台，往往只是某些部门和团体自家搭台，自家唱戏，且每个台子还都想撑大自己的台子，灭掉别人的台子，结果必然是缺少一个大家一起来唱戏的台子。

拿哲学界来说，就分成泾渭分明的三个圈子——中国哲学、西方哲学、马克思主义哲学，彼此很少往来，各自小心维护着自己的"道统"。有人戏拟了一副对联——"打通中西马，吹破古今牛"，给那些试图打破学科壁垒的人。其实，哲学是时代精神的精华，不是故纸堆里的陈词滥调。不在同一时空平台上共同面对当代的公共问题，哪里有鲜活的哲学、灵动的智慧呢？

因此必须说，属于国家政府的、中央级的公共平台，应该首先起到统领全局、凝聚共识的作用。平台是一套体制，不是什么个人的态度。国家的舆论工具当然是有倾向性的，但这个倾向性，以全体人民、整个中华民族为主体。国家的导向，从这些争论中汲取精华，选择智慧。人民国家切不可与人民群众玩博弈游戏，而要从维护国家人民的公共利益出发，提供各方面的信息，执行法治化的规则，积极听取各方面的意见，让人民参与出谋划策，参与评论是非。这种局面，就是"政府搭台，人民唱戏"了。

搭建公共平台，必须建立起相应的规制，让各种意见相互砥砺融会，使多元化的舆论空间成为凝神聚力的场所。大家到一块儿来说，要讲公共问题，有话好好说。你个人感兴趣的问题是你的事，大家到一块儿的时候，就要说有公共性的问题，讲对国家社会负责任的道理。所以，这个公共平台的倾向性，主要体现为充分的民主法治精神。平台不仅要公共化，而且要法治化。

有了这样的戏台，不愁聪明善良的中国人民，唱不出世界上最威武雄壮的大戏、好戏！

（天倪）

是谁的两手抓

"坚持两手抓，两手都要硬"，是邓小平在改革开放初期就提出的一项治国理政方针。关于"两手"的具体所指，邓小平在不同情况下、针对不同的工作有多方面的表述。例如：

　　搞四个现代化一定要有两手，只有一手是不行的。所谓两手，即一手抓建设，一手抓法制。[1]

　　做几件使人民满意的事情。主要是两个方面，一个是更大胆地改革开放，另一个是抓紧惩治腐败。[2]

　　要坚持两手抓，一手抓改革开放，一手抓打击各种

---

[1]　《邓小平文选》第3卷，人民出版社1993年版，第154页。

[2]　同上书，第313页。

犯罪活动。这两只手都要硬。①

可以说，"两手"实际上覆盖了物质文明与精神文明、经济与政治、经济与思想道德、经济生产与科技教育、经济建设与社会治安、人民生活与人的素质，乃至党的工作与党的自身建设等，总之是对我们整个社会系统的两大要素——"硬件"和"软件"的统称。"坚持两手抓，两手都要硬"是要求，不仅抓硬件的一手要硬，抓软件的一手也要硬，而且两手之间要彼此和谐一致。

可见"两手抓"的实质是，坚持社会主义发展目标的全面性和完整性，这是保持我们一切工作所追求的目标之间的内在统一性。所以它是体现党的宗旨，体现社会主义本质的一个必然的要求。只有站在党的基本路线的高度，才能真正充分地理解和自觉地掌握"两手抓"的精神实质。因此，全面准确地理解和贯彻"坚持两手抓，两手都要硬"的方针，是十分重要的。

但是，在理解"两手抓"的问题上，有一个重大的前提问题：这两只手归根结底是谁的手？或者说，怎样把握"两手抓"的主体性？记得有一期《人民法治》杂志的封面上，画了一只大手，正在把"富强""民主""公正""法治"等棋子布向中国这个大棋盘。这显然是在为"社会主义核心价值观"做形象化的宣传。因此，它也把这只"大手"的来历问题，鲜明地展示出来了：这是谁的大手？手当然是听脑指挥的，那么，是一个什么样的头脑在指挥这只大手？也

---

① 《邓小平文选》第3卷，人民出版社1993年版，第378页。

就是说，这只手执行谁的意志，代表谁的立场、思想理论和方向？

如果只说一只手，那么通过这只手的举动，人们不难知道它是谁的手，它体现的是谁的思想和意志。例如，对于中国共产党和中国特色社会主义事业的建设者来说，这只"手"的行动，都是服务于、服从于同一个最高目标——为人民服务，最终效果都要由人民满意不满意、答应不答应来检验。"中国的主要目标是发展，是摆脱落后，使国家的力量增强起来，人民的生活逐步得到改善。"[①] 这就是在贯彻历史唯物主义一元论。

但是，若是出现两只以上的"手"来抓同一件事情，情况就会变得有些复杂了。如果由同一个人，用两只手来抓一个东西，两只手由同一个大脑指挥，目标、方向和节奏都是一致的，那么要让两手都"硬"起来，就不会有困难，应该是越抓越牢，越抓越稳；相反，如果是两只手分别朝不同的方向抓，或者同时去抓两个不同的东西，即两手各自为政，那么要想两手都要"硬"，而且两只手之间的动作协调，彼此默契，就很难做到了。这样的两手越是都要"硬"起来，结果就越可能更乱。

所以说，"主体一元化"和"目标一体化"，才是"坚持两手抓，两手都要硬"的前提。相反，凡是出现"一手硬，一手软"或"两手打架"的地方，往往是由于，那里并不是同一个人的两手在抓，或者是，这两只手并不是在听从同一个"大脑"的指挥。

在实际工作中，常常有人觉得两手之间的统一不大好掌握，不

---

① 《邓小平文选》第3卷，人民出版社1993年版，第244页。

是觉得两手难以兼顾，就是感到两手互相打架，似乎要一手硬，就必须得以另一手软为代价。造成这种情况的思想原因，常常是对根本目标的理解不够明确和完整。有两个比较有代表性的误区：一个是把"重点论"当成了"一点论"；另一个则是把"两点论"变成了"二元论"。

对于"一点论"，大多数人能够认识并指出它的片面性。但人们有时把它只是归结为方法问题，即以为不是工作目标上有缺陷，而只是工作能力和方法有限。"不是不想做，只是忙不过来，无暇顾及。"然而，这里却有对"中心工作"实际理解的问题。比如，把"发展经济"仅仅当成是搞更多的企业，弄更多的钱，而不包括全面提高劳动生产率、保护环境，乃至提高人民的生活质量。这实际上是把一个完整的目标肢解了，庸俗化了。如果以为，抓经济建设是可以孤立地进行的，因此单纯地就经济抓经济，就眼前事务谈中心工作，忘记了经济也是同政治、文化、人的素质和队伍建设分不开的，在工作目标和具体安排中没有把这些也一道考虑进去，那么，这样的工作目标的指导思想，难道能说是高瞻远瞩、完整现实的吗？可见，导致"一手硬一手软"的认识原因，并不仅仅是个"如何做"的问题，也还是个究竟要"为谁做"的问题。

"二元论"的思维方式则是一个更深刻、更隐蔽的误区。"一点论"的根子也是二元论或多元论。"二元论"不过是把"重点"孤立起来，当成了二元或多元之中的一元而已。"二元论"的特点是，把同一本质的两个事物，或同一过程的两个方面，当成彼此独立、互不相联、可以各行其是甚至互相对立的东西。

细察现实可以发现，把"两手抓"变成"二元论"的表现各种各样，其中以下三种是比较常见的。

其一是"两张皮"式。例如人们常说的，在政治工作与经济工作、思想工作与业务工作、精神文明建设与物质文明建设关系上存在着"两张皮"现象。寻根究底，这是单从表面形式上看问题所导致的二元化。其症结就在于把它们都当成了"皮"，而不是当作"灵与肉""魂与体"的关系来看待。因此，不能把它们从深层的内容和实质上结合起来，不会"把政治工作结合经济工作一道去做"，反而总是从表面形式上做文章，觉得二者之间必然要争时间、争权力、争地位、争编制、争经费等。如此"灵肉分家、魂不附体"，哪有不别扭、不痛苦的？

其二是"此优彼劣"式。有一种观念认为，似乎经济工作本身注定是没有政治方向的，业务工作本身是没有思想道德要求的，物质活动领域其实并无"文明"，它们本身总是低级、庸俗、盲目、自发和自私的行为，只有政治批判和思想教育才能从外面把政治、道德、"文明"注入进去，等等。总之，认为它们之间在根本上存在着高与低、正与偏、"资"与"社"、雅与俗、先进与落后的关系。持有这种二元对立的观念，就必然会有意无意地使两者对立起来，把它们当作彼此外在、相互牵制、相互否定的东西。

其三是"南辕北辙"式，即头脑中的观念与工作的实际目标相互背离。用旧观念来处理新问题，即使主观上想让两手都硬，但实际的结果却是两手相互削弱。例如，目的是想动员和组织大家投入社会主义市场经济建设，但头脑里的观念却认为市场经济就是资本主义；主观上是想把市场经济规则与道德规范统一起来，但头脑里的道德观念却是与社会主义市场经济格格不入的；主观上是希望看到市场经济新秩序的建立和健全，但内心却厌恶利益导向、害怕竞争、逃避风险、不习惯独立自主、对法治没兴趣等；主观上是希望在加强物质文明建设的同时加强精神文明建设，但头脑里的"精神文明"却只有以物质贫穷为前提的模式，没有在物质逐渐富裕条件下的模式；等等。在这种情况下，如果不及时转变观念，使它跟上时代，就必然会把"两手硬"变成一句空话。

说到底，经济政治也罢，民主法治也罢，要想做到"两手抓，两手都要硬"，首先需要的是人民主体就位，保证这手是人民之手！

（闫莉）

"一袋马铃薯"的愿望

"文化大革命"结束后，当人们痛定思痛，反思"文革"教训，开始涉及它的社会土壤和阶级基础的时候，著名的马克思主义哲学家肖前教授说：去看一看马克思关于"一袋马铃薯"的论述吧！

"一袋马铃薯"，是马克思描述 19 世纪中期法国农民阶级状况时的比喻。

在《路易·波拿巴的雾月十八日》这篇不朽著作中，马克思对当时事件的性质和进程做出了超乎常人预料的、振聋发聩的精准判断，并得出结论：作为这场震动全国政变的头面人物，"波拿巴代表一个阶级，而且是代表法国社会中人数最多的一个阶级——小农"①。为什么这样说呢？马克思首先分析了小农阶级的特点："小农人数众多，他们的生活条件相同，但是彼此间并没有发生多种多样的关系……这样，法国国民的广大群众，便是由一些

---

① 《马克思恩格斯选集》第1卷，人民出版社2012年9月版，第762页。

同名数简单相加而形成的，就像一袋马铃薯是由袋中的一个个马铃薯汇集而成的那样。"就是说，小农既像是一个阶级，又不是一个阶级。因此，他们不能以自己的名义保护自己的阶级利益。接下来，马克思如此描述了在剧烈社会变革时期这"一袋马铃薯"的愿望：

> 他们不能代表自己，一定要别人来代表他们。他们的代表一定要同时是他们的主宰，是高高站在他们上面的权威，是不受限制的政府权力，这种权力保护他们不受其他阶级侵犯，并从上面赐给他们雨水和阳光。所以，归根到底，小农的政治影响表现为行政权支配社会。

可以说，波拿巴王朝，就是靠代表和利用"一袋马铃薯"的愿望这类"民意"，才得势于一时的。当然，这也决定了它的得势不可能持久，因为欺骗总是不能长久的。正如马克思指出的："波拿巴王朝所代表的不是革命的农民，而是保守的农民……不是农民的开化，而是农民的迷信；不是农民的理智，而是农民的偏见；不是农民的未来，而是农民的过去。"总之，在工业化和现代化已经开始的时代，它代表的不是历史的主流，而是一股逆流。这就注定了"路易·波拿巴的雾月十八日"，是一场不得善终的闹剧。

马克思对这场闹剧的惊人洞见，给我们留下了极其深刻持久的启示。

看看马克思上面那段对小农意识形态——"一袋马铃薯"的愿望的描述，是多么透彻骨髓：期待别人来"代表"并"主宰"

自己，"上面"时时赐予"雨露和阳光"，备受人民群众的感恩和膜拜。这样的情景和语言，与我国"文革"时期的行为和话语，是多么神肖！从这里，难道不可以看清个人迷信和权力崇拜的土壤究竟何在，它的根底又是多么深厚吗？

如果说，"文革"发生的基础，是长期存在的小农意识和封建主义土壤，那么我们就不难理解，要想消除"文革"的影响，要想通过改革开放和现代化建设走向民主法治的政治文明，就一定会遇到根深蒂固的无形障碍，会面临巨大的有形阻力，会遭遇强大习惯势力的挑战，会经过艰难曲折的过程。事情绝不会是只要"上面"一号召，"下面"就闻风而动，一个早上就实现"咸与维新"的。因为对"上面""下面"这种关系的想象本身，就还属于"一袋马铃薯"的愿望那样的意识状态。

马克思早已说得尖锐而透彻："归根到底，小农的政治影响表现为行政权支配社会。"看看今天那些依然迷信行政权力可以解决一切问题的表现，就可以知道，我们离现代化民主法治的政治文明，还有多大一段距离。

但我们不必悲观失望。相反，却可以对未来充满信心。因为，马克思和很多哲人已经指出，历史上形成的社会病灶和思想病根是什么；而且我国社会主义的改革，正在着手、实践把行政权力"关进笼子"；它还有一个更重要的保证，即全球化的视野和市场经济的纽带。

在这种情况下，新时代的中国人民，包括农民在内，已不再是"一袋马铃薯"！

（石朋）

眼睛看哪里

这是个美好的时代，也是个危机四伏的时代；这是个面对严峻挑战的时代，也是个充满机遇的时代。在这样的时代，无论国家民族的兴衰，还是个人人生的成败，都往往取决于如何迈出"最紧要的几步"。这几步怎样迈出，取决于你的目标定在哪里；或者说，你的眼睛看着哪里。

凡事怎么看、往哪儿看，实际代表着主体选择怎样的坐标和参考系，来为自己的价值决策提供"导航"。所以说，眼睛向哪里看，并不是由眼睛自己决定的，而是由思维范式即"心思"来主导的。

就拿如何实现民族复兴的"中国梦"来说，社会上就有几种不同的基本主张，大体上可以归纳为"向后看""向外看""向下看"和"向前看"等类型。

"向后看"，是指要回到过去，要复古兴古。"复古论"者很注重肯定中华文化的民族主体性，这当然是对的。但他们所说的文化主体，却往往只是指古人，特别是古圣先贤。所以，他们热衷于挖掘古人那里的一切好东西，甚至一厢情愿地美化过去，并认为依据古训就可以解决现在的问题，"好文章无一句不似古人"。这种"向后看"的主张，往往忽略了三点：一是，从古至今是一个连续的过程；二是，中华民族是一个历史地凝聚起来的、多样化的整体；三是，活着的中华文化，就体现在现在的全体中国人身上。所以，他们常常在一味卖弄和欣赏"先前阔"的同时，还在拒绝以今天的中国人为主体，去进行文化价值体系的反思和自我超越。

"向外看"，是指要看外国，特别是西方发达国家。"西化论"者往往把西方模式当作现代化的唯一标准和模式，以为只要把人家做得好的、成功的样式直接拿过来，照着去做，就可以为自己带来成功。但他们往往只看人家的成果，不看人家的过程和代价，更不注意比较自己和人家的历史和条件。这种"傻子过年看邻居"式的"学习赶超"，有时把人家的"后沿"当自己的"前沿"，甚至连人家走过的弯路，也当作自己的"捷径"，所以最终只得皮毛之识，只作皮相之论。"只见果实不见果树"，当然就不懂得种自己的果树。"西化论"最大的误区是，忘记了主体，有意无意地忽视了中华民族自己的文化权利与责任。

"向下看"，是指看自己的脚尖，只顾当下的得失进退，不管长远的兴衰枯荣；被眼前的利益牵着走，一味"向下看"而不肯抬头，对于将来，则采取"脚踩西瓜皮——滑到哪算哪"的态度。西方马克思主义流派的代表人物之一马尔库塞指出，当代技术的发展同时意味着统治人的力量的发展，物质生活条件成为外在的强制性力量。令人眼花缭乱的商品和广告无时不在激起人们的消费欲望，也使得人们的生活方式被商品和市场的逻辑支配；琳琅满目的当代文化主要是消费文化，甚至成为没有崇高感和责任感的"快餐文化""泡沫文化"。人们接受这种文化不是为了提升自己，而是为了"玩儿"，为了满足自己被广告激发的"虚假欲望"。结果必然是，目光短浅、急功近利、心存侥幸的"实用主义＋机会主义"盛行，低级庸俗、蝇营狗苟的文化形态泛滥，令无论来自传统的还是时代的精彩，都被掩埋于低俗文化的垃圾之中。

"向外看"和"向后看"都把文化看作某种现成的结果和模式（前者由西方提供，后者由古人提供），而不是主体自我生存发展的逻辑，从而有意无意地回避了当代中国人构建自己当代文化的权利与责任。"向下看"看似张扬了主体的文化权利，实则背弃了文化责任，并造成文化主体的分化割裂，牺牲了整体和未来。若任其泛滥，则将带来"文化沙漠化"的严重后果。

与上述三种都不同的，是"向前看"。向前看，是坚守自己的目标，看大势，定方位，选择路径。走路时当然需要环顾左右，前后上下都要看。但"眼观六路"是为了顺利前行，不迷失方向。无论向哪里看，最终都必须"向前看"，唯有如此才能前进。

中国特色社会主义是一项前所未有的事业，不能在瞻前顾后、左顾右盼中畏首畏尾，迷失方向。我们最需要确立的是一种"向前看""向上看"的"爬坡"式的文化观：以今天的国家民族之"我"为主，以实践为原动力，以向新的高度前进为取向。无论分析批判西方文化，还是总结鉴别中国传统文化，都有一个立足于自己现在的实际、以科学的理论和方法为武器的问题。无论我们传统文化已有的东西，还是我们缺少而国外已有的东西，都不能盲目取用，而必须以提升民族的精神境界和国家的软实力作为取舍标准。

"向前看""向上看"要保持以人为本的发展观。源远流长、博大深邃的中华文化，凝聚了中华民族发展历程的精华；朝气蓬勃、生长壮大的中国特色社会主义文化，则是当代中华文化的先进形态。推进中国特色社会主义文化的发展繁荣，应该抓根本，健载体。"往哪里看"的最终的落脚点，应是高扬我们的主体性，发展我们的文化优势和政治优势，形成并坚守中国特色社会主义所必要的文化表达和文化风格，在实践中创造出无愧于现代化的中华新文化。

　　要实现文化自信，就要坚持中国特色社会主义新文化建设导向，就要不论往哪里看，最后都要回到向前看，向上看。

（闫莉）

好风不在疾，好雨不在猛

"群众运动"是革命时期常见的方式。唯有这样的运动，才能以摧枯拉朽的力量，如秋风扫落叶一般，清除旧的腐朽势力，为建设新的家园开辟空间。但是，在建设时期，如果仍然喜欢"运动"式的行动，则往往会把本来属于"日常化"工作的事务，变成"非常化"的一阵风。其效果，往往是破坏大于建设。

"跃进风""浮夸风""共产风""文革风"……在新中国的历史上，也曾有过这些我们耳熟能详的"风"，它们都与"左"的革命急躁症有关。改革开放以来，虽然党中央已经宣布了不再搞政治运动，但是有些人还是习惯以运动的方式贯彻中央的决策。比如20世纪80年代的"严打（严厉打击违法犯罪活动）"，就被当成了一场运动，甚至还发明了"顶风作案"这个词，似乎是在说，严厉打击一切违法犯罪活动，不是我们依法治国，一天24小时，一年365天都要做的事情，而只是眼下的"一阵风"。

通过搞运动来做事情，是革命战争年代形成的经验。无论是土地改革运动，还是大生产运动，都是由于当时的客观环境不允许循序渐进、日积月累地做事情。新中国成立后，我们具备了久久为功地做好日常工作的客观条件。但是，有很多人的脑袋仍然停留在从前，固守着当年"疾风暴雨式阶级斗争"的经验主义思维。在需要深入细致、高度"精准"化地工作的时代，仍然采用运动式的"刮风"推动工作，结果往往是"水过地皮都不会湿"。

"风灾"的危害主要是，它刮起时卷起的不是人们的理智和信心，而是人们的亢奋、狂热、粗疏甚至野蛮，因此就容易产生种种怪相、洋相。例如"浮夸风"刮起时，出现了像楼房那么高的白菜，长得像树一样的棉花，两头驴拉不动的萝卜，更有亩产上亿斤的水稻。"严打风"刮起时，为了完成指标，有的基层司法机关搞起了犯罪分子"存栏率"（明知你是犯罪分子，但是不抓你，等"严打"运动来了，再抓你）。更有甚者，为了凑指标，把已经判刑收监的犯人提出来重新审判，重新加重判刑。这些现在看起来不可思议的事情，当年都真实地存在过。

一旦狂风刮过，总不免狼藉满地。"工作靠刮风"不仅会打乱正常的步骤，甚至还会导致倒退。客观地讲，刮"风"者的初衷并不是坏的，他们也是急于让事情有明显起色。但是，再良好的初衷，也不能掩盖各种"风"造成损失的事实。

刮"风"的本质，是把日常工作"非常化"处理，靠搞运动做事情。这首先表明刮"风"是不尊重客观规律，全凭一厢情愿的主观愿望来做事。"大跃进"期间，我们刮的"风"最大，却完全忽视生产发展和经济建设规律。"共产风"则忽略了社会发展的客观规律，以为单凭一腔热情就可以跑步进入共产主义。实践最终证明，任何不尊重客观规律的"风"都会受到惩罚。

通过刮"风"来做事情，容易让人们认为所做的事情本身就没有长久意义，只是眼前"应景"之作。这也是一种形式主义的歪风在作祟。"风向"常常会变，社会总是在充满矛盾的运动中不断发展。哪里有矛盾需要解决，就要调查研究清楚，运用辩证思维，寻求化解矛盾的良方。这样的过程有时是需要一定的时间的。恰恰由于各种原因，有的人等不得这个过程，总觉得把声势搞起来，表达自己的决心，并且一呼百应、轰轰烈烈，形式上才过得去，也让"上面"看得清楚，满意。在这种形式主义歪风的驱使下，各种"风"的刮起也就不足为奇了。

要避免各种怪象，就要学会使日常工作正常化，让社会主义的民主法治成为我们的常态、新常态。只有日常工作正常化，才能把工作做细做实。而社会主义的民主法治，只有成为日常化的生活方式，才能显示出它们的强大优势。

说到底，一心只想通过刮"风"来做事情，其实是心里没有人民群众的表现。世事总会有风雨。如果坚信事情是人民自己的事情，人民的事情最终要依靠人民群众自己来做，那么就会多一些从实际出发，少一些以愿望代替现实；多一些实事求是，少一些形式主义；多一些"和风细雨"，少一些"疾风暴雨"。一言以蔽之，即多一些"好风好雨"。

"好风凭借力，送我上青云。"人民需要有利于使自己自由飞翔的好风。

"好雨知时节，当春乃发生。随风潜入夜，润物细无声。"

好风不在疾，好雨不在猛。适合人民需要的"好风好雨"，总会在自己的土地上培育出四季的繁荣！

（胡海涛）

历史何曾有"蓝图"

"规划规划，墙上挂挂"，这是人们对经济社会生活中理论与现实脱节的一种批评；而"一张蓝图干到底"则是对地方政府干部任期制导致朝令夕改的善意提醒。

蓝图也好，规划也罢，都是对一定时期内事物发展状态的理想描绘，犹如摆在面前的一纸工程设计图。一旦蓝图确定，我们的任务就是按图施工，让理想之光照亮现实，其中包含对理想状态和目标的坚定信念和忠诚度是毫无疑问的。但仔细想想，"蓝图"终究是个机械施工概念，存在着一定的理论和思想方法上的局限。如果我们在生活中有意或无意忘记了这些局限，把它搬用到社会历史的大事情上，就会事与愿违。

比如，对社会建设如果采用"蓝图思维"，就会产生误解和偏见。"蓝图"本身只是一个结果性或目的性的设计，它不能离开一定的环境和条件。好比迪拜要造摩天大厦，肯定要具备物力、财力甚至生态等条件。如果忘记了前提，在需要准备或创造条件的时候无所事事，把未来的理想当成眼下的目标，那么这与在还没有钢筋水泥的情况下就去建造大厦有啥区别？马克思、恩格斯关于未来社会的预见，本身就以生产力和社会发展的一定程度和水平为基础，超越历史阶段去把这种预见固定化、美化，就是一种简单化的"蓝图"意识。

比如建造私人住宅，房屋主人是施工者还是兼具蓝图的决策者和设计者的结果有天壤之别。假如房屋主人甘于把自己放在"施工者"的角色，一旦图纸确定，"蓝图"就带有明确的指令性和规范性。"蓝图"与"施工者"之间就成为一种外在的单向关系，房屋主人要求于施工队的，也只能是按图施工，保证质量，而不能增减图纸上的内容。施工队里当然可以有总协调，聘请技师、工程师、会计师、监理和安全员，但不需要战略上的思想家，也不需要创意设计顾问。这些都是施工者角色所规定的原则，否则就越位、错位了。由此可见，过于强化"蓝图"的意识，安于"施工者"的身份，即使是自己的房屋，也很难发挥主动性和创造性。这样一来，在现实中往往导致"熟悉图纸（本本）"比"了解实际"更重要，"掌握对图纸的解释权"比"自己的亲身实践"更重要。

简单化的"蓝图"意识容易成为脱离实际、狭隘僵化的一个思想根源。当然，这不是要否定一切蓝图。作为建筑工程的环节，蓝图不可或缺，如果它是设计师和房屋主人反复商议沟通后的创意集成，则可谓锦上添花。

值得进一步追问的是：蓝图是否也有阶段性？人类社会发展的理想和目标是否能够用机械工程的概念和思维方式来把握？这些问题促使我们认真思考蓝图的本质和实现过程。

抛开简单化的"蓝图"与"施工队"思维，可以发现，"什么是社会主义"和"怎样建设社会主义"是一个问题的两面。不弄清楚"什么是"固然不知道"怎样建";然而不从实际出发解决究竟"怎样建"的问题,同样也不能确证"什么是"。所以,邓小平当年反复强调:社会主义没有固定的模式,而是一个创造性的实践过程。社会主义建设能否成功,取决于我们在实践中是否做到解放思想、实事求是,是否走出一条中国特色的道路,等等。这个过程也许用"生命成长"的比喻更为贴切和合理。

生命现象是存在形态与存在方式时空一体,不可分割。生命成长与机械工程最大的不同在于:生命体是由自身内在条件决定的选择和自我发展过程。生命当然有本可依,有类似于"蓝图"的遗传基因,但这个"蓝图"本身也是内在的、有生命的、动态的,通过生命的自我成长而不断显现。有谁见过哪个子代的生命完全重复、照搬了父母的?人类社会的进步不正是人和社会的"生命成长过程"吗?正如马克思所强调的那样:社会主义、共产主义从来就是人类社会机体生命发展的一种形态、一定阶段、一个可以预见的前途,它既是必然的,又只能产生于本质上的"自然历史过程"之中。

因此,一方面,我们要尊重社会发展的规律性和过程性;另一方面,要更注重从自己现实的基础和条件出发,更注重人的选择和创造性实践,要有一种历史的、实践的思维方式。"蓝图""施工队"式的观念,难免静止和单一。要弄清楚我们的社会主义应该和能够是怎样的,首先就要把自己作为当事人,身在其中,以人民大众的立场看我们现阶段应该和能够"做什么"。

生命只能在现实的环境中自己发育。离开了我国人民现在要做的事,就是离开了现实的、生长中的社会主义;如果只是旁观者,寻求"标准的社会主义"，那还是什么也得不到。总之，以"生命成长"的眼光来看待社会主义，除了历史的眼光，还需要一种切实的体验，充分意识到我们自己在其中的权利和责任，学会把"什么是"与"如何建"当作一个不可分离的现实过程，勇于在实践中不断摸索和创造。

（黄凯锋）

岂能只摘果子不种树

　　急功近利的害处，不是人们不应该追求功利，而是只讲"急近"的功利，却放弃了"缓远"的功利。这种盲目性必然导致只想"走捷径""抄近路"，却不肯自己"开路""修路"的做法。结果只能是在别人已经开辟的道路上跟着跑，却不能开辟出自己的道路；而且跑得越快，就可能离自己的目标越远。

　　比如发展教育，其目标是培养人才。那么什么是合适的"人才"？有些人就跑去看国内外各行各业的"成功者"，看他们握有怎样的学历和特长，然后让孩子照着去做。为了"不输在起跑线上"，提前掌握"高端技能"以积累优势，很多孩子早早被送入各种培训班，学做奥数题，学背古诗词，学习临摹名家名画。为了考上重点名校，老师和家长们就带领学生投机"中考""高考""考研"的门路。各种"考前辅导""升学指南"和"成功咨询"，包括提供选择目标和路径的"排行榜"之类，也就大行其道，大赚特赚。但这样的结果，往往是肥了某些教育产业，却牺牲了社会的人才环境和资源。在极力把孩子变成"复读机器""考试机器""文化容器"和"精神奴隶"的时候，我们失去的可能正是教育事业最根本的目标，也是个人成长中最可贵的品质：人格健全，精神独立，能够在道德上自律，在事业上自主创新。

只想"走捷径""抄近路"，急于最快达到目的的思路，其表现可以比喻为："急着摘果子，却不想种树。"它的弊病可以一目了然：如果你只想着要果子，不管种树，那么哪里有果子，你就去哪里摘。今天在这个树上摘，明天在那个树上摘。摘下的果子总有吃完的一天，那时怎么办？树是别人家种的，你若继续摘，必然要依人家的条件，付出代价。如果你自己种了果树，经营好它，就可以不断地摘自己的果子。

有树才有果，这是自然规律。无论教育还是理论，如果大家都只急着要果子，急着要能解决眼前具体问题的现成答案，却不注重基础理论研究和基础制度建设，不注重形成自己的有效体系，不注重培育能够生长出各种果实的果树，自己没有果子就到别处去捡别人家的现成的果子，今天去捡美国的，明天去捡欧洲的，后天去捡日本新加坡的，只想要人家的果子，却不知道这些果子是从什么样的树上长起来的，那么，到最后果子还都是别人家的，自己还是一无所有。

当然，自己种树也不是说说就成的。种树比摘果更需要付出辛勤劳动，甚至会冒着更多的风险。从选种育苗，到培植、施肥、掐枝、防虫去害…… 每一步都是收获果子的必备条件。如果不经过这个种树的过程而只想要果子，排除去偷去抢或是被赠予的可能，那果农就不是果农，而是变成了果商。作为职业选择或商业机会来说，果农和果商只是分工不同，并无大碍。但是，若将"只要果子不种树"作为社会整体取向，就会使果农和果商一起消灭。任何急功近利、企图不劳而获的目标，毁灭的都只能是自己。所以，只有经过艰苦卓绝的不懈努力，培育起自己土地上的美丽家园，自己才有幸福未来。

要想建设自己的文明，就必须走自己的路，种自己的树。我们每个人都可以问自己一句：准备好了吗？

（田力男）

休与山羊论胡须

山羊一出生，下巴上就长着一小撮胡子，这是其物种的特色标志。但长胡子的动物，却并非只有山羊。我们人类的男同胞，到时也大多会长胡子。而且人间有一种蓄须的样式，就叫"山羊胡"。那么，如果一个人长了胡子，或者留了"山羊胡"，是否应该让他交代一下：他和山羊是什么关系？作为一个人，他与山羊有什么不同？

这样的问题看似可笑，但在特定的年代和语境里，却有着不言而喻的重要性和精神威慑力。因为它曾代表了一种普遍的社会心理和思维方式。在"文革"时期，这个问题的潜台词，实际上联系着一种可怕的政治危险——"相似罪"。

那时，"左"的思潮和整人之风泛滥，社会上曾冒出两个很奇怪的罪名：一曰"不提罪"，是说，你说了很多话，但其中没有提到当时流行的那些官话，即有意不提，有意不提就是有意反对，那么你就是反革命；二曰"相似罪"，即专门搜集"言论对照"材料，若某人言论与某知名"坏人"的言论"相似"，即可因一句"何其相似乃尔"，把他"乃尔"得家破人亡。

"不提罪"与"相似罪"均属于非法构罪。但是在以"无法无天"为荣的社会氛围中，它们甚至比法律还管用。此二"罪"名，代表了在"以阶级斗争为纲"的年代里，习惯于一切与资产阶级"对着干"这种对立思维方式的扩展，其结果必然造成对人的思想和精神权利的肆意侵犯。"不提罪"从正面设限，"相似罪"从反面设禁，由此粗暴地限定了人们思考和表达的空间，于是形成"千人一面、众口一词、千篇一律"的沉闷局面。人们既无自我表达的权利，也不承担自我表达的责任，精神上极端贫乏单调。然而，因言构罪的先例一开，势必引发人人自危、小心谨慎、更难开口说话的寒蝉效应。这一度成了我们的"心病"。

这种心病留下的病根，很不容易治愈。改革开放后，虽然社会氛围宽松，言论逐渐多元化，"相似"也不再成罪，但"相似过敏综合症"，似乎仍然还有很大的市场。它的新特点就是，不再直接以"相似"定罪，而是反过来，要求在一切事情上交代：你（与资本主义或其他敌对方）"有什么不同？"譬如，你如要谈一点改革的观点和主张，就总有人会问："姓社姓资？这跟资本主义有什么不同？"邓小平说社会主义要解放和发展生产力。有人就说：资本主义也要解放和发展生产力，这跟资本主义有什么不同？这种提问方式，仍然有很大的威慑力量。

这里需要说明的有两点。首先，为什么一定要解释？譬如说，如果我真的长了胡子，那也是长在我下巴上的，与山羊的胡子同不同又如何？谁有权、有什么理由，要求我一定交代"有什么不同"？譬如说，我们要走中国自己特色的社会主义现代化道路，这意味着中国人、中华民族在精神上的重新崛起。它告诉世界的是：经历了曲折和磨难的中国人，重新成为自己事业的自觉的主体。中国人就是中国人，中国人的事情就要中国人自己来办。办好办不好，不怪别人，就在于我们自己。我们有权选择我们应该办的任何事情，有权拒绝别人强加给我们，而我们不需要或无法采纳的东西。这种"解释"的权利，是绝对不可以让渡的。

其次，要说解释，在解放和发展生产力这一点上，社会主义与资本主义的不同，当然也是可以解释的，就像通过 DNA 检验也可以证明我的胡子与山羊的不同一样。因为从社会历史发展的角度来看，解放和发展生产力的历史阶段不同，社会的性质也就不同：在奴隶社会的基础上解放和发展生产力，所产生的是封建主义；在封建社会的基础上解放和发展生产力，所产生的是资本主义；在资本主义的基础上解放和发展生产力，所产生的就是社会主义。要说社会主义和资本主义的不同，就是社会主义应该比资本主义水平更高、做得更好、发展更充分，因为社会主义本身是在资本主义发展成果的基础上出现的变革形态，二者之间有历史性的继承和发展联系。但我们过去的观念，只是想着要跟资本主义"对着干"，"它向东，我偏向西"——人们非得要这样的"不同"，所以就造成了很大的压力和误区。

所以说到底，我们中国人要干自己的事业，圆自己的"中国梦"，就不要有那么多条条框框，该怎么干就怎么干。实事求是，从实际出发，按照"三个有利于"标准，怎么有利于国家富强、人民幸福、社会和谐，就怎么做；实事求是，从实际出发，做成什么样子，就是什么样子，既不要怕像了谁，也不要怕不像谁。既不要怕长胡子像了山羊，也不要怕没长胡子像了太监。这是我们自己的权利，也是我们自己的责任。应该说，这才是一种中华民族共同体的主体意识，是一种自主、自立、自强的当代中国人的主体意识。

做好你自己，既不要刻意模仿，也不要刻意回避！

（闫莉）

"车之两轮"，还是"南辕北辙"

20 世纪 90 年代以来，中国社会的发展使"法治"这一主题成为日益响亮的时代声音。不仅市场经济和民主政治呼唤着法治，全球化的世界格局也需要法治。中国顺应时势，先后将"依法治国"这一理念纳入中国共产党章程（1997 年）和中国宪法（1999 年），从而高调地确立了"法治"的理念。

但是，一个重大理念的确立，并不代表着它在所有人的心目中都是一致的，更不意味着它在实践中可以一帆风顺、一步到位。至少在时下的舆论中还可以听出，仍有人对法治的理解还不是那么清醒，对法治的意义还不是那么信任。"法治"理念刚确立不久，社会上就出现了用"德治"来补充或校正"法治"的口号。有人将"德治"视为可与"法治"并提，并与之构成"车之两轮、鸟之两翼"的治国要略；因此也有人对德治的兴趣，实际上远远超过了对法治的兴趣。那么这样的思路是科学合理的吗？这里存在着深刻而尖锐的分歧，需要从厘清"法治"的本义及其与"德治"的关系入手，才能做出清醒的判断。

值得深入反思的是：如何理解我们所要实行的"法治"？它究竟是一个"车轮"，还是"驾车之术"？是"鸟之一翼"，还是"鲲鹏展翅"？

　　从"以法治国"到"依法治国"，从"法制"到"法治"，都只有一字之差。但这"一字之差"中，却有着实质性的差异。

　　"以法治国"，是把法视为治国之"工具"，可以由治国者自行掌握；而"依法治国"，则强调法是治国之"依（根）据"，要求任何权力都必须以它为准绳，不得任性。

　　"法制"是指被采用的法律制度、规范体系；"法治"则强调，这样的制度和规范体系具有至高无上的地位，得到一律遵行。

　　可以说，在任何时代的任何国家，都是可以有法制，并"以法治国"的。这样的法治，说它是"车之一轮、鸟之一翼"，是贴切的，因为整个国家的政治体系才是完整的"车身"与"鸟身"，法制只是它的一个"肢体"。就完整的"车身"与"鸟身"来说，当然还需要有另一"轮"、另一"翼"，这是顺理成章的事。然而，这样被实体化、工具化了的"法治"，并非我们现在要建设的"社会主义法治"，而是属于"人治"。

　　历史的经验证明，人治和法治的根本区别，不在于是否有法制，也不在于是否要由人去治理（没有人的参与当然是不可能的），而在于所"依"的"法"，其性质如何，从哪里来，最终体现着谁的利益和意志。如果法完全依统治者个人或少数人的利益和意志为转移，那么这正是历来"人治"的特征。只有法最终代表全体人民或全体公民的共同利益和意志时，它才具有最高的地位和普遍的效力，从而成为一切治国言行的权威根据。因此，"法治"本质上是民主的产物和旗帜，"人治"则是专制的产物和旗帜。我国社会主义制度的根本性质，是"人民当家作主"，这就决定了要以社会主义的法治为治国原则，以建设"法治中国"为自己的政治形态。

按照这样的逻辑，我们就不应该仅仅从实体的形式上去理解法治，更不应该把法治仅仅当作一件工具。从中国特色的社会主义事业的整个高度上看，法治绝非只是一个"车轮"，它更是保证车辆整体安全行进的"驾车之术"；并非只是"鸟之一翼"，更是中华民族"鲲鹏展翅"的基本动作！

那么，怎样看法律与道德的关系？它们是否构成"车之两轮、鸟之两翼"？如前所说，在人治化的思路之下，才可以这样说"法"与"德"的关系：它们都被当成治国的手段，二者结合在一起，就相当于"左右两手""软硬兼施""恩威并重""胡萝卜加大棒"，等等。这些，恰恰是历史上的专制统治，即"人治"的高明策略。

但是拿到今天来看待我们的"法德关系"，却是犯了一个历史性的错误。历史上的"高明"手段，都是以人民为对象，是用来治理人民的"帝王之具"。而当代社会主义法治的本质，却是以人民为主体，依靠人民来治理国家。"以人民为主体，依靠人民"，意味着"法"与"德"并非"两手"，而是同一规则体系中的不同层次。因为从人民主体的立场看来，法律与道德都属于社会的价值规范体系，都起源于人的生存发展所依赖、所需要的社会关系、社会秩序。对于同一社会主体，相应的法律和道德之间虽然表现出层次性、功能性等形式上的差别，本质上却是相通和一致的。

道德，是依靠人们的自律和他律来执行的群体性规范。不同群体（如民族、阶层、行业等）的道德，往往具有差异性、多样性，甚至多元化。因此，道德总是具体的，不是抽象的。实践中的"德治"，往往是某些人的某种道德的统治，不可能是全体人民共同意志的统治。

而法律，则是一个国家社会，包括经济、政治、道德等各个领域在内，把那些必须统一，也能够统一起来的公共规则，给予制度化、规范化的界定，并动用社会强力予以保障和执行的形式。所以，从规则的内容和性质上看，同一社会的法律与道德体系之间，只有内在的"层次"关系，并非外在的隔离和对立关系。或者说，法律就是国家的"道德底线"，"遵法守法"是公民的基础道德。法律有时独立于某些人所主张的道德，但不等于是"非道德"。

如此看来，如果不是着眼于在法治的轨道上加强道德建设，而是把"法治"当作"非道德之治"，然后再提出一个"德治"来与它并列制衡，这实际上暗示着，可以有人在法律之外享有道德特权，可以超越法律去推行某些社会规范，可以打着"替天行道"的道德旗号，自行法外执法。这样的"德治"，与我们要建设的社会主义"法治"之间，能够成为良性的"互补"关系吗？显然不能。因为这样的"德治"，其实质乃是人治。

法治与人治，不是"车之两轮、鸟之两翼"，而是"南辕北辙"！

（吕建伟）

非要把骆驼吊上楼

"把骆驼吊上楼"源自中国古代的一个小典故：一个人在家里宰杀骆驼并剥皮。骆驼皮很硬，他的刀割几下就钝了，需要磨刀，而磨刀石在楼上。于是，他每次都跑上楼去磨刀，磨几下，下来再割。又钝了，就又跑上楼去。来回跑得很累，效率也低。旁边有人建议说："你为什么不让磨刀石和骆驼在一起呢？"他听了恍然大悟，说："好，我把骆驼吊上楼去！"于是又搭架子又拆门窗，闹得越发狼狈了……

其实谁都知道，解决问题很自然也很合理的方式，就是把磨刀石拿下来。可是，这个人有一个固定的理念，认为磨刀石放在那里，是自古传下来的规矩，必须坚守这个规矩，这是一个"大原则"的问题。所以在他心目中，磨刀石已不是磨刀石，而是一个图腾、一个符号标志了。正因为如此，他为了"坚持原则"，宁愿把骆驼吊上楼，也不肯把磨刀石拿下来。

人们会说：既然如此，那么为何不另备一块磨刀石呢？

因为这个人显然忘记了，还有一个更大、更重要的原则，就是要一切从实际出发，实事求是，解决问题。

我们做一切事情都要解放思想，实事求是。只有解放思想，实事求是，才能实现真正的改革、创新和发展。比如我们的文化体制改革和建设的方向，应该是以人民为主体，以解决现实和长远问题为目标，朝着人民大众的需要和能力，朝着社会实践发展的需要和能力，脚踏实地去努力。这就要勇于面对在实践中遇到的问题，注重总结提升我们在实践中得到的正反面经验，使之升华为理念、规则和方法，而不是固守某些缺少根基、"胶柱鼓瑟"的成见和意愿，简单地追求形式，不讲实效，施展空洞的说教和任性而为。

但是，做到实事求是似乎很难。就拿提炼和宣传社会主义核心价值观来说，这本身应该是伴随改革开放而进行的一项思想理论创新。要实现这个重大创新，就要与邓小平说的社会主义本质联系起来，与当前"五位一体""四个全面"的实践联系起来，与我们当下力度极大的反腐败行动联系起来，与简政放权的改革措施联系起来，甚至与各地设立自贸区这样重大的决策联系起来……只有与重大实践的关联，才能让人们更深切地体会社会主义核心价值观念的含义和意义，更深刻地理解它，更真诚地接受它，更自觉地践行它。相反，如果不是朝着与改革实践相一致的方向去阐述和落实，而是从某一套固执的原则和成见出发，把它仅仅当成用来教化群众的一套道德说辞，只顾到处去搜寻"好词"，咬文嚼字，自我欣赏，那么实际上的收获必然是，搜寻到的"好词"越多，就越方向不明，不知所云，离题万里，让人无所措手足。因为尽管你说出的每个词都很有道理，很漂亮，很有魅力，犹如星辰一般，个个光明灿烂，但是整体结果却是"满天星光灿烂，却唯独不见北斗"，无法切实地解决现实问题。

如果从思路上反思其原由，就不免令人叹息：我们有些事情之所以越干越烦琐，越干效力越差，越干越累，越干越不合算，毛病就在这里：

何必非把骆驼吊上楼？！

（木卫一）

阿凡提的"正义面孔"

"真、善、美、自由、平等、正义",号称人类的六大价值观念。这里的每一个概念,在人们的心目中都具有不容置疑的崇高地位。但一遇到具体的事情,究竟什么是"真、善、美、自由、平等、正义",怎样做才符合"真、善、美、自由、平等、正义"的标准,却往往是"仁者见仁,智者见智"。

这一段阿凡提与国王的对话,就很有意思:

一天,国王问阿凡提:"假如在你面前,一边摆着真理和正义,另一边摆着金银财宝。阿凡提,你取哪一边呢?"

阿凡提毫不犹豫地回答说:"我当然要财宝。"

国王立即斥责并讥笑了阿凡提,说他低级庸俗,目光短浅,没教养。

可是阿凡提却说:"尊贵的陛下,我和您不同。您已拥有数不尽的财宝,唯独缺少真理和正义,所以您当然需要它们。而我，是一个普通的穷人。我们穷人每天得到的只是真理和正义，唯独缺少财富。所以我应该取金银财宝。这难道不是实在的真理和正义么？"

说得国王瞠目结舌。

阿凡提富于智慧的见解，揭穿了国王的虚伪，也带给我们深刻的启示。

启示一，"正义"是一个最高价值判断，但任何价值判断都具有其主体性。阿凡提首先指出了自己与国王之间的主体差别，不仅知道如何不入对方的话语圈套，而且还紧紧抓住主体性的尺度，讲出了自己的价值观念。

启示二，虽然"正义"作为最高价值判断，是普遍适用的，但是在有主体分裂，特别是有阶级分裂和对抗的社会中，实际的"利"与"义"，即"财富"与"正义"，包括对它们的理解和引用，也处于分离并对立的状态。有权势者独取财富，却要把"真理和正义"留给大众。这本身就是虚伪的"正义"，是极大的"不义"。阿凡提的逻辑则是：财富理应归于拥有真理和正义的一方。这正是纠正"利"与"义"即"财富"与"正义"彼此分离对立的绝佳主张。

启示三，按照"正义"的本义——"人人得其应得"，那么就财富来说，它是谁的"应得"？当然是财富创造者！所以阿凡提有充分的理由指出，财富归劳动者来享有和支配，正是真理和正义的体现。统治者不劳而获的无限占有，不仅本身是非正义的，而且还是以不义冒充了正义！

启示四，道理有时简单，而事实和历史从来都不简单。就人类整体而言，追求财富与追求正义，本质上并不是彼此对立和冲突的。但物质财富和社会正义毕竟处在人类需求的不同层次上，对它们的追求和实现也往往表现为不同阶段的历史任务。因此，身处不同水平和不同阶段上的主体，对什么是当下的正义和实现正义，也必然有不同的认识和表达。国王不懂这一点，他以为，或者不如说他希望，在"真理和正义"这样高尚伟大的观念面前，阿凡提会忘记人民对于财富的权利和要求，而对国王的虚伪宣传顶礼膜拜。没想到，阿凡提并不糊涂，反而让国王"搬起石头砸了自己的脚"。这就是阿凡提不仅聪明过人，而且立场坚定之处。

启示五，是话语权的问题。宣布什么是正义，什么是更高或最高的价值，首先是宣布者的权利问题。社会上的价值观念总是多元的，哪一元成为主导的价值观念，首先取决于谁有权来做出认证和宣示。当国王一向以为唯独自己有权，而别人无权的时候，他也被自己的宣示迷惑，以为这是所有人都认同的价值观念。但是阿凡提却告诉他："平时你听不到老百姓的声音，是因为他们没有发声的权利。今天你给了我发声的权利，我就要告诉你真相。若是有一天，人民真正有了权利，他们也将执行真正的正义！"

总之，"正义"有多个面孔，是因人因事而异，随着社会发展而进化的，不会定于王者一尊。

（李霞）

反腐：捉虱子与讲卫生

强力反腐，是我们国家当前的亮点，也是未来持续的期待。

反腐可比作除虱子——除掉寄生在国家社会肌体上的害虫（包括"苍蝇"级的，也包括"老虎"级的）。捉了这些害虫，就能大得人心，大快人心。

年长一些的人都还记得，以前卫生条件较差，每天洗澡是一种奢侈，衣服也是难得一洗。干活休息的时候，经常脱下自己的衣服捉虱子。虱子是一种芝麻粒儿大小的寄生虫，平时就寄生在人的毛发、衣服上面，没有吸血的时候身体还有点发白，一旦吸足了血，就会变得圆鼓鼓的，身体发黑。这个时候，如果捉住它，用两个拇指的指甲一挤，就听啵儿的一声，虱子被挤瘪，指甲上留下了一片鲜红的血迹。这真是，挤死的是虱子，流的却是自己的血啊！由于虱子已成常态，人们早已逐渐适应了和虱子相处的日子。虱子咬人，会让人感觉皮肤瘙痒，但是久而久之，人对于那种瘙痒似乎有了免疫力，抑或是变得麻木，任凭虱子怎么咬也无动于衷了。真是应了那句老话："虱子多了不咬，债多了不愁。"

据说魏晋南北朝时期的文人雅士相聚时，谈诗论词，说古论今，很是随便。他们不时地把手伸进自己的衣服内"扪虱"，此举动没有任何不妥，而是一种"风雅"。也难怪，那时衣服不多，尤其那不修边幅的文人们，春夏秋冬，一袭长袍，更没有洗浴条件，虱子肯定是少不了的。所以，当时"扪虱而谈"之"雅趣"，算是一种"范儿"。

　　而如今，虱子似乎成了稀有动物，年轻人恐怕连虱子是什么都不知道了。那么，虱子是怎样从我们生活中消失了的？这里启发我们思考的，就是一个怎样打造理想化的"新常态"的问题。回顾一下这方面的历史，可以肯定地说：有虱子当然要捉，但虱子的消失，并不是靠人们一个一个地把它们"捉"光的。当年，鲁迅小说中阿Q与小D在街头比赛捉虱子的行为，并不代表真正的除虱途径。虱子的生命力极为顽强，不管你怎么治，它都能卷土重来。记得那时有人用"敌敌畏"农药熏衣服，后果是自己的身体严重过敏，起了一身红疙瘩。还有的用一种密齿的篦子梳头，借以刮掉寄生在头发上的虱子，但这只能管一时，而不能彻底根治。还有人会点燃一堆柴火，把自己穿的老棉袄在火上烘烤，虱子耐不住热，纷纷掉到火中。更有甚者，为了杀灭头发上的虱子，把杀虫剂抹在头发上，用油布包裹，借以熏死虱子。但不管你怎样弄，虱子就是灭绝不了，因为它的繁殖能力是极强的。它会把虫卵生产在人的头发、衣服的缝隙里面，这些虫卵牢牢地附着在上面，直到发育成虱子。虱子的虫卵叫虮子，是一种白白的针尖大小的圆泡泡，用指甲一挤也会有虫卵被挤破的感觉，所以挤破虮子，也是一种消灭虱子的办法，但是谁能查清自己的衣服上有多少虮子呢？

那么，如此顽固的"虱灾"是怎样根除的呢？随着人们生活条件的改善，大家注意个人卫生了。勤着点洗澡，衣服也经常换，不知不觉虱子就没了踪迹。记得那时有个笑话，说城里的虱子要下乡，路上遇到乡下的虱子想进城，于是互相聊了起来。城里的虱子问乡下的虱子："你为啥要进城啊？"乡下的虱子说："我那里的人啊，一身老棉袄，一天三遍烤，别说吃肉喝血了，那味儿就受不了！"又问城里虱子："你下乡干啥啊？"城里虱子说："城里人啊，是一身绫罗缎，一天三遍换，别说吃肉喝血了，连味儿都闻不见。"可见，要想根除虱子，讲卫生、勤洗澡、勤换衣服是最好的办法。咱找不着它，咱药不死它，咱可以饿死它！

既然如此，那么也可以说，要把对腐败行为和腐败分子的"零容忍"，变成一种常态化的机制和效果，最根本的还是要全社会一起来"讲卫生"，即实施新的社会治理来改善我们的政治生活方式、日常生活条件、人际关系状态，清除我们生活环境中那些藏污纳垢、滋生腐败的土壤。这个从制度上、精神上到行动上都普遍地"讲卫生"的过程，其实就是"全面深化改革"与"全面依法治国"的过程。

应该说，这个过程与我们每个人都有关，谁都不能置身其外。就像只有我们每个人都讲起卫生来，才能享有最终除虱的成果一样。所以，全国人民都有参与改革和法治建设的权利和责任，都应该有这样的一种担当。

（黄亮）

"鱼上岸"还是"龙归海"

　　生活中有很多是非得失的问题，人们是否看得透、想得开、理得顺，往往取决于观察的角度是否端正，思考的起点是否到位。如果角度有偏，那么就会导致观察不全面、不完整，造成片面性。如果思考的起点不到位，不是从头上弄清楚来龙去脉，而是只从半路上或者结果上计较得失，那么也会看不清大局，导致迷失方向。

　　比如，关于国有大中型企业目前面临的困境及其原因，我们可以听到各种各样的说法和模糊认识，其中有这样一种说法很有代表性：在过去的计划经济体制下，国有大中型企业"如鱼得水"，一直是很好、很顺的，从来没有什么困境，甚至在"文革"那样的年月里，它们也不曾为自身的生存问题发愁。而如今，偏要搞什么改革，搞市场经济，硬逼着要"鱼""上岸"，结果弄得它们困难重重，步履维艰，甚至连生存都成了问题……

　　在这种说法和情绪中，否定改革、敌视市场经济的倾向是很明显的，其中不仅包含了某种无视时代潮流、落后于历史发展的错误心态，也有一些属于纯粹的思想方法问题。对此我们当然不宜简单对待，置之不理，而需要加以分析澄清。

把企业比成"鱼"，把经济体制和环境比成"水"，这个比喻非常合理而巧妙，使问题一下子变得明朗了。应该说这也是一份功劳。那么我们可以就此进一步深入下去，先问几个问题：国有大中型企业是什么样的"鱼"？它需要什么样的"水"？过去的计划体制是什么样的"水"？市场经济体制之于企业，究竟是"水"还是"岸"？是什么样的"水"或"岸"？

问几个这样的问题之后，联系几十年的实际再进行思考，我们就可以发现"鱼上岸"这种判断中所存在的真正问题。

首先应该反思的是，在过去的计划经济体制下，我们的企业状况是否真的"如鱼得水"，一直很顺、很好？这就需要明确"顺"和"好"的标志是什么。如果把"三铁"（铁饭碗、铁工资、铁交椅）保障下的生产低效率、贫乏、单调，也看作理所当然的"顺"和"好"，把"干好干坏一个样"，甚至"文革"期间停工停产（搞运动，打内战）也照样无忧无虑的状况，看企业"无生存危机"的好事，那么这样的企业的性质是什么？它究竟是不是一种经济生产的单位？或者说，企业成了一种什么样的"水中之鱼"？

全部问题的要害就在这里。企业，它的本质就是一种面向消费的经济生产单位。然而在过去的计划经济体制下，特别是在"左"的思潮泛滥的情况下，企业曾经在很大程度上不被看作一个基本的经济生产单位，不是把追求实现经济效率和效益当成它的主要使命，而是被当成了一个基本的政治单位，把政治功能（执行政府计划，完成上级指令，甚至组织阶级队伍，开展阶级斗争）当成了它的首要职能，自主生产反而成了从属的目标。"文革"期间有一个喊得很响、很普遍的口号——"把无产阶级专政落实到基层（包括工厂、矿山、企业、农村等），这足以表明，那种"水"并不是国民经济大海之水，所以这种"水中之鱼"——企业，在很大程度上也还不完全是一种真正的水中之鱼。

如果再说细一点的话，过去的体制和思路，其实倒有点逼鱼"上岸"的味道——要求企业承担过多的非经济职能。时间长了，还使这种鱼发生了演化——改变了呼吸方式（逐渐脱离市场，而习惯依靠政府和行政指令办事），长了脚（人浮于事的庞大行政机构），添了尾（企业办社会，背上沉重的包袱），等等。正因为如此，一旦要求它们重新回到水里——市场经济的汪洋大海——的时候，它们反而不适应。这就是我们今天看到的国有大中型企业困境的真正历史根源。理解了这种来龙去脉，也就能够看到它们未来的前途。

"蛟龙岂是池中物？"只有恢复国有大中型企业的经济职能，让它们在市场的海洋中搏击风浪，自主成长，才能恢复和发展它们的本性和活力，使它们重新成为纵横江海的蛟龙。所以我们说，从总体上看，企业走向市场，并不是"鱼上岸"，而恰恰是"龙归海"！

（木卫一）

"祖传秘方"也需良医

"弘扬优秀传统文化",被一些人当成了搜寻"祖传秘方",特别是其中的"万应灵药"的运动。这可是与历史进步大相径庭的举动。

号称可以提供"万应灵药"以欺世盗名的,古今中外不乏其人。而以"祖传秘方"示人,借对祖先的崇敬以增其神秘感的做法,在中国社会却似乎更有独特的色彩。若将"祖传秘方"与"万应灵药"结合在一起,则必属欺诈。

为什么这样说?因为这是无论中医还是西医都决不会认可的。

医学的历史源远流长。在中国,中医的起源问题同样没有人能够说得清楚,但造福于华夏民族的伟大创举和发明,一般都会归功于华夏族的祖先,这样伏羲、神农、黄帝就成了中医的创始人,"神农尝百草"(或"神农鞭百草")的故事,迄今仍为炎黄子孙所传扬。而作为中医最权威的经典——《黄帝内经》,其所记载的就是黄帝与岐伯二人讨论养生治病的道理与法则。当然,后人考证,这只是托名而已。因为真正的医药经典、医疗设备和技术,都是一代又一代人探索积累下来的成果，绝非几个人一次性的发明。所谓伏羲、神农、黄帝等神医先祖，其实是无数先人集体的化身，是其代称。

历史证明，治病救人是一项充满人文精神和智慧的技术活儿。治病当然需要好药，但"好药"总是得"看人下菜单"的。世界上不可能有"一了百了"，到何时何地都能包治百病的神丹灵药。"谁有病谁吃药，有什么病吃什么药"，都必须经过医生（或准医生）的手，才能落实。而医生，则负有对症下药的权力和责任。所以，离开了良医，任何神丹灵药都未必可信，甚至可能害人性命。

"祖传秘方"是会有，但那是个别特殊经验积累出来的产物。真正的"祖传秘方"，多半是一家一户的人在特定环境中，利用特定的医药资源，针对特定的病情，经几代人持续摸索，才找到的未公开流传的有效治疗方案。这一切也都意味着，"祖传秘方"的对象和情境针对性，一定是很严格、很有限的。离开了严格的对象和环境，其适用程度如何，是一定要有所把握和限定的。所以，尽管"祖传秘方"很宝贵，但它一般不会是对任何时代、任何人、任何病症都适用的"万应灵药"。那些声称掌握着"祖传秘方"就可以一劳永逸地治疗任何病症，哪怕只是治疗所有人的某一种病症的人，无非是借神化祖先而神化自己罢了。其目的，显然不在于治病救人。可见，绝不能僵化地看待"祖传秘方"，要想科学地运用药方，还必须时刻做好病情诊断。

君不见，如今那些假"弘扬优秀传统文化"之名，纷纷端出自家"祖传秘方"（有些来自中华先祖的，有些还是舶来洋人先祖的），声称是治国安邦"万应灵药"的人，多少都带有一些江湖郎中自称名医世家、庸医招摇、仿佛"疗世高手"的模样。你说儒教，他说道教，还有人说佛教、基督教，等等，各自都说自己是整饬人心、振兴中国、拯救世界的不二法门。但是，这些已经流传了上千年的传统宗教，都并非是秘而不传的神秘学术，其传播和影响之得失，早已昭然天下，还有多少属于"秘方"呢？鼓吹者们，往往全然不管到了 21 世纪这些宗教本身是怎样的，更不管世界和中国目前面对着怎样的情境，就一再宣称，可以直接用它们过去的教义，彻底解决现实的问题。其用意，恐怕也像借"祖传"的名义急于推销自制"秘方"的江湖郎中一样，无非是借神化祖先来神化自己罢了。因为若按这样的思维方式，有了"祖传秘方"中的灵丹妙药，则只需列出目录，照单抓药就行，可以不再需要今天的医生们从实际出发，认真诊断，探索创新了。

祖传的经验固然宝贵，但今天的人们已经不同于古人，"得病"的原因和症状也大不一样了。自古以来的有些病症已经消失，自古未见的一些病症却在发生。自古以来的根本经验却是对症下药。所以，迷信"祖传秘方"并不是可靠的路径，而古为今用、推陈出新才有前途。

坚持传承与创新的统一，首先就要培养和依靠"良医"——既懂传统认识，又肯面对现实，真正认真负责，勇于改革创新的人才！

（鹿林）

病情诊断与对症下药

如果说，治理社会问题就像给人治病，那么，这个世界上的"医生"，似乎是各种各样的：有人善于诊断病情，却不善于对症"下药"；有人善于开药方，但却不善于诊断；真正的高明医生，则往往既擅长诊断病情，也擅长对症下药，所以他们的"治愈率"总比别人高。

对于治理社会问题来说，"诊断病情"是指对具体问题做充分的调查研究，深入具体地加以分析，实事求是地做出判断；"对症下药"，则是在掌握了问题实质和关键的基础上，采取有针对性的解决措施。

要做一个好医生，当然首先要学会诊断。学会诊断，首先要掌握人体的基本知识。西医依靠解剖学、生理机能学、病理学、医疗设备等系统的知识，中医则依靠对人体气血、经络、阴阳五行运行和调和，以及医疗器具的知识。在此基础上，医生还要积累临床经验，才能练就诊断病情的真本领。在实施治疗、对症下药时，他们还得熟悉药材和成药的品种、功效和发展状况，充分地掌握有效的药方资源，等等。没有这样一番长期艰苦细致的功夫，是培养不出好医生、治不了许多轻重疾病的。

治理社会问题，往往比医生的工作更复杂、更艰难。因此，造就治理人才的过程，也需要一番更加长期艰苦细致的功夫：不但要学习从哲学到社会学的各门基础理论，学习相应的管理技术和政策，而且要学习相应的法律和历史，等等。当然，掌握了这些理论和知识，还不等于就能解决社会问题。他们还必须学习在实践中联系群众，调查研究，积累经验，及时判断形势，乃至善于调动资源的本领，等等，才能在必要时采取正确的措施，有效地解决社会问题。

上述这些道理，其实大家都知道，而且在相关的教育、培养和考核的过程中，也都在实践着它们。但道理毕竟只是道理，还有很多注意不到的条件和环节，往往使正确的道理流于空谈。要使道理充分指导现实，还有一些具体问题要解决。

比如，有的干部，遇事既不先弄清楚情况，也不充分听取意见，更不顾及解决问题的条件和资源，而是一上来就表态许愿，或贯彻某种意图，盛气凌人，用大帽子压人。他们搬出一套现成的大道理，给现实贴上标签，然后套用习惯模式去简单处理。这样的做法，无非是企图以空话应付搪塞，或是意在炫耀权力，或是跟风做戏，哗众取宠，总之是对解决问题没有诚意。就像有的医生，不愿意认真地诊断病情，而是急于宣传推销他的"独家秘方"，其本意并不在治病救人。

"诊断病情"是"对症下药"的基础，绝不是一项轻松的工作。要学会具体问题具体分析，就要正视三个要素——主体、中介（条件）和客体——之间的关系。其中，主体往往是最重要的。所谓主体，就是指实践过程中的权利与责任的担当者。一个问题、一件事情，只有确认主体，即其权利与责任的担当者，弄清他的具体情况，才能找到解决问题的方向。若撇开主体的具体特性，则不存在一套抽象普遍的"解决问题的公式"。

《三国志·华佗传》中记载，府吏倪寻、李延都得了头痛身热的病。华佗诊断后说，倪寻应促其排便，李延则当促其发汗。有人不解为什么二人症状相同，治法却异。华佗说，二人体质和病因不同，所以疗法各殊。果然，二人服过药后，第二天就没事了。这个例子说明，即使问题具有完全相同的外在表现，只要是主体不同，就有可能是不同本质的问题。只有了解主体，也就是认清"病人"，抓住"病症"，找准"病因"，才能有效治疗。

"解铃还须系铃人。"在处理社会问题时，明确事件的权利与责任主体，往往是解决复杂问题的突破口和转折点。简单讲，事情由他而起，自然须由他自己来解决，别人是代替不了的。因为在实践中造成的矛盾、产生的问题，总是一定主体担当其权利的结果和表现，所以，解决矛盾也应与由他担当相应的责任有关。从大的历史角度看，这就是马克思曾说过的，凡是一个历史性问题产生并被提出的地方，也就酝酿形成着解决这个问题的条件。而我们的任务，就是去找到它。从小的尺度，即具体事情具体分析的角度看，这个思维方式也同样有效。

主体权利与责任的统一，是解决许多社会问题的思考依据和关节点。就像治病要了解病人一样，若不从分析和诊断病情入手，彻底揭示问题的本质，就贸然提出解决方法并付诸实践，只能浪费大量精力和资源，不得其门而入。不诊断病情而胡乱开药方，害人也害己。不能实事求是地对待问题，其结果也是如此。

（王俊博）

好棋手不嫌对手"狠"

　　中国成语形容高手过招为"棋逢对手，将遇良才"。真正的高手下棋，希望碰到好的对手，对方出高招，以高招反制；对方出"狠招"，以"狠招"破解；对方走妙棋，以妙棋应对；沉着冷静，算计运筹，设法把对手的棋子吃掉，把对手围死、将死。即便自己不能赢得这一盘，也会从中受到启发，积累经验，学到一点东西。于是对弈比拼，也成了互相切磋、互相提升的好机会。因此说，真正的高手下棋，就希望对方的招"狠"、棋"妙"，这样才觉得过瘾。如果碰上一个蹩脚的新手，一味出昏招、臭棋，便会觉得啼笑皆非，索然无味，甚至觉得有点受辱。这样的场面，在棋场上是常见的。

　　但是，有一种场面，在棋场上并不常见：一个棋手在对弈中忽然气急败坏地站起来，指着对手说："原来你这么阴险狠毒！总想吃光我的棋子，置我于死地！对此，我坚决反对！决不答应！一千个一万个不答应……"如果出现了这样的场面，说明什么？

　　人们自然会想到，这个人实在太缺乏博弈精神。以他的心理素质，根本就不配做一个棋手。也许有人还会想到：这个人其实不是来下棋的，而是来斗气的。但是，他为什么不在别的地方斗气，却到自己力有不逮的棋盘上来斗呢？是不是喝高了，头昏了，有病了？

这种在棋场上不常见的场景，在生活中却并不少见——"用非博弈心态参加博弈"的现象。生活中有许多领域，原本就是利益博弈的场所，如市场商战、彩票股市、房地产投机、官场竞争、军事较量、外交政治，等等。有些人，明明自己不懂博弈的规则和风险，却非要加入博弈，一厢情愿地幻想自己理应一呼百应、所向披靡。结果事不遂愿，就产生了莫名其妙的怨恨。一个人用在银行储蓄的思路去参与股市，结果不仅血本无归，而且心灰意冷，绝望人生；一个下海经商的人，完全不知竞争的代价，自己破产了，却总找理由抱怨别人"见利忘义""人情冷漠"；一个军事指挥官在战场上失败，事后不思总结教训，却耿耿于怀地咒骂敌军"不是东西，太狡诈"……这些都属于既参加博弈，却没有博弈心态的事例。

什么是博弈心态？博弈心态就是懂得区分两种不同性质的博弈，然后以相应的心态投入：一种是主体之间"有你无我，你死我活"式的根本对抗和较量，如阶级斗争和军事战场上的斗智斗勇；另一种是主体之间斗智斗勇的合作游戏，"愿赌服输"，棋盘上的你死我活，却能增进棋手之间的共生共荣。简言之，一种是"无情"的博弈，一种是"有情"的博弈。无论"无情"的还是"有情"的，博弈都能检验各方的实力、智慧和文明。无论哪种博弈，都要尊重对手和共同规则，这样才符合人类文明进步的要求。如果你不能从博弈中增强自己的实力，提高自己的水平和技艺，你就不可能自信和自立，更不可能取胜。所以说，博弈不需要幻想，就像"莫斯科不相信眼泪"！

"试看大地一棋局"，社会上处处存在着"博弈"。但人生并非只有博弈。譬如你和自己的家人之间，有的应是亲情，而非博弈。即便有所"博弈"，也不应是"无情"的，而应是"有情的"。

但是，上文所提及的可笑亦复可悲的情形表明，有些人确实不能以健全的博弈心态参加博弈。他们往往不能区分"无情博弈"与"有情博弈"，拿"有情博弈"的尺度去想象无情博弈，希望对手仁慈厚道；拿"无情博弈"的尺度去对待有情博弈，把亲人和合作伙伴当成敌人，或者企图使用"盘外招"。这样的错位和颠倒，在意识形态和政治思想领域很容易发生，却非常隐蔽，不易察觉。

例如"文革"期间，盛行一种把一切"错误"都当成"阶级敌人阴谋诡计"的思维方式。因此，对它的"大批判"，也不是靠摆事实，讲道理，分清是非，而是施以暴力，完全剥夺对方的权利，并对"不认罪"者一味"打态度"。这样的"斗争哲学"，尽管"无情"有余，却已无博弈的胸怀和档次了。

其实，按照毛泽东曾经阐述的原则，在人民内部，即使有错误观点，即便属于不同阶级之间的思想交锋，也应实行"团结——批评和自我批评——团结"原则，即以"有情博弈"的方式去对待。但是，当人们不懂得区分两种不同性质的矛盾，热衷于套用旧式阶级斗争的理论时，就必然造成不应有的颠倒。

例如对待真正的敌人，即反华反共势力，他们固然知道一切都"意在亡我"，却看不出其中的圈套。因此只会大惊小怪，一概斥之，不知道有什么高招可以退敌。结果往往落入了人家的圈套，正中下怀而不自觉。

　　而对待自己内部的各种不同意见，他们也只会通过"敌人"的表现来对号贴标签，却看不出其中有什么是必要的、合理的、建设性的启示；更不知道只有通过切磋，才能提升整体的实力，形成真正的智慧。如果一队的棋手，连"有情博弈"都害怕，那他们还能成为强队吗？

　　可见，整天怨恨对手的棋手，肯定不是好棋手。在各种各样的"对手"面前，如果你陷入了失去理智的愤怒和哀怨，就只能证明你不合格。

　　"猫是世界上最凶狠恶毒的动物！"说这话的，一般是老鼠，而不是老虎。

（孙美堂）

愚蠢不是战斗力

过去，在国际处于两大阵营对立的"冷战"状态，国内处于"以阶级斗争为纲"的紧张情境中时，我们养成了一种特别的警惕心态，即一定要处处界限分明，切不可与阶级敌人相混同，而且要与他们"对着干"："凡是敌人拥护的，我们就要反对；凡是敌人反对的，我们就要拥护。"一般说来，既然是敌我矛盾，那么有这种态度是必要的，因为敌我之间是根本利益对抗的关系。正如战场上的两军肉搏，棋盘上的生死棋局。为了战胜敌人，壮大自己，在战略和战术层面就必须有"针锋相对""两军相逢勇者胜"的意识！

但针锋相对也有层次高低之分。两军相逢，也须有对勇敢的恰当组织，才能取胜。所以，在政治军事博弈中，作为决定胜败的战略性前提，有两个最基本的尺度或原则，是不言而喻的。

一个是分清敌、我、友。临阵决不可敌、我、友不分，更不可用对敌的方式对待自己人和朋友。尤其在我方内部有不同意见的时候，不能轻易把争议对方当成敌人。把内部矛盾搞成敌我矛盾，只会削弱自己，资助敌人。

另一个是认清敌方动向。敌人不会自动退让，他们当然会时时想方设法对付我们。那么在敌人的动向中，什么是其真实意图，什么是佯动乃至圈套？这历来是考验我军侦察能力和指挥员判断能力、指挥水平的试金石。如果不能准确体察和正确判断敌方动向，就会举措失当，落入圈套，损兵折将，甚至满盘皆输。

这两个界限在政治、军事和外交战场上，非常重要，实行起来也颇不容易；至于在意识形态斗争这场"没有硝烟的战争"中，最大的困难在于，其中的界限往往不容易觉察和分辨。因为在这里，拼的不是硬碰硬的军事和政治"硬实力"，而是话语背后的"软实力"。

文化"软实力"的强弱首先取决于思想理论的高度和力度。多年来，我国思想理论界一直在为此而努力，因此也不断地有所争论。争论中呈现出来的具体观点和话语风格，可以说是五花八门。总体上看，应该说这是开放思想言论之后的必然现象，也是我国人民独立思考，通过百家争鸣来寻求文化提升的必经之路，所以值得珍惜和提倡。但更重要的是，我们需要学会正确对待不同性质的思想交锋，知道怎样对敌"亮剑"，为民"亮宝"，真正提升文化"软实力"。

思想理论上的"敌我友"，不能以一时的"政治正确"为标准来划分，只能以是否符合实事求是的科学精神和人民整体利益为标准。说到底，只有真理才最符合人民的利益。只有坚持追求真理，才是真正忠于人民；只有与真理为友，才是与人民为友。这是我们要坚持的"政治正确"和文化自信。所以，首先要站在科学和全体人民的立场上，而不是用人民内部一家一派的观点来划线。但在现实中，却出现了一种现象：人们在争辩哪些观点"正确"、哪些观点"错误"的同时，也把它们与这些观点是来自中国传统的，还是来自西方的，抑或是来自马克思主义书本的等联系在一起，用观点的"来自"哪里，代表其"正负"价值，似乎通过思想观点的来源和出处，就可以判断其正误或善恶。这样就会引发乱贴标签、对号入座、认人不认理的不良学风。就像有人不去认真总结几十年来我国实行"中西医结合"的成果和经验教训，却一味争辩"到底是中医好还是西医好"，并把它上升为文化分裂和对抗的话题一样，必然混淆两种不同性质的思想交锋，结果必然造成"化友为敌"或"认敌为友"的不良反应。分不清敌、我、友，是招致必败的根源。

能够分清敌我，也不等于胜利，即面对真正敌我性质的思想交锋，也有上述第二条所涉及的斗争水平问题。例如，按照有些人的思维习惯，对待来自敌方的口号和话语，我们的斗争策略就只有一条——对着干。因为敌人的一切都必然有阴谋，那么我一切都加以拒斥或者反过来，就一定是正确的。然而，当我们局限在这样的框架里，往往只是针对人家的话语或口号进行"斗争"时，实际上是放弃了自己的定位和独立思考、批判反思的权利，这就很容易陷入敌方设计好的话语圈套，同样必然招致失败。

打个比方。在西班牙斗牛场上，斗牛士拿出红布来，对着牛一晃，牛就会冲上去。牛越是冲动，斗牛士就越是挥舞他的红布。最终，当然是这场游戏的组织者和斗牛士成为赢家。而牛的"愚蠢"，则成为这场游戏的看点。在意识形态的交锋中，我们也要有这样的警觉和境界：不要被当成斗牛场上的牛，更不要自愿去扮演那头牛。我们是自己国家社会的主人，要提高自己的能力和智慧，承担起作为主人的权利和责任。

人民的齐心团结是战斗力，愚蠢不是战斗力。

（胡海涛）

浮躁就是"魂不附体"

　　作为人的"生活样式"，文化总有很多显形的"体"，每一种"体"的形式下都负载着隐形的"魂"。"魂"本身虽具有潜在性或隐形性，但它的作用却非常明显。文化与文化之间的区别，往往不在于"做什么事"，而在于"怎样做"。"做什么事"是看得见摸得着的，而且从大的方面说，人类所做的事，基本上是相同的，无非生产、生活、交往之类。而不同民族文化之间的区别正在于，对同样的"事"，却有不同的"做法"，即在"怎样做"上，不同民族表现出不同的传统。正是"做法"即"怎样做"的价值取向和行为规则，构成了一种文化的灵魂。

　　打个比方，文化之"魂"，犹如戏剧表演的"潜台词"。在戏剧表演中，总是"潜台词"决定着台词的表达。例如，剧情中"你好"这句台词，仅仅两个字，在台上怎样说却有多种多样的选择；产生于角色之间亲疏生熟、关系好坏的剧情逻辑，则决定了台词之魂——潜台词是什么；潜台词的情境，设定了演员应该怎样表演。所以说，找准心中的潜台词，是表演成败的关键，也是演员，特别是导演必须掌握的基本功。否则，做出的表演就一定会"找不到感觉"。

推而广之，文化之"魂"总是决定着文化之"体"的形态和走向。无论器物的制作，制度的设计和实施，还是理想观念的表达，都是如此。因此，我们要观察和理解任何一种文化，都不仅要见其有形之"体"，更要识其无形之"魂"。

"魂"在"体"之内，不在"体"之外，牢记这一点是非常重要的。借用黑格尔的一个比喻：文化像洋葱头，它的皮就是肉，肉也是皮；如果把皮一层层剥掉，也就没有肉了。知其体而不识其魂，不算懂一种文化；徒有一套"高大上"的言说，在有形运作中却找不到它的影子，也不算真正有了一种文化。所以说，我们要善于从每一层具体的文化现象和形式入手，去体会和把握其"魂"之所在，并通过自觉的实践去寻求"魂正，体谐"，这才是文化建设的正道。

但在现实中却有一种偏向，就是往往更在意文化的"体"，只急于找到能够看得见、摸得着的东西，却不注意它的"魂"意何在。

比如，有人以为，文化的繁荣，只是指文化产品和活动越多越好。于是，出版物和剧目的数量、学术发文率和引用率、演出场次和上座率、旅游景点的冷热度，甚至街头标语和装饰的规模等，被当成了主要指标。但在追求这些数量的时候，对究竟什么是其"质量"的指标，却一无所知。

有人用是否占据了时间和空间为指标，以为只要占领了"阵地"，就是占领或引领了文化；有人则把最终是否赚到钱当作指标，"文化搭台，经济唱戏"，以为越是能够赚到钱，就越是成功的文化；还有人以为，让"文化人"出场作秀，越是赢得多的"粉丝"，就越能代表时下的文化；更有人认为，翻建古代建筑越大越多，就越能"弘扬传统文化"；等等。这些重形式轻内容、有数量无质量的追求和炒作，使文化看似红红火火，实则带来的往往不是真实的文化繁荣，而是它的"疑似体"——文化浮躁或浮夸。

处于浮躁或浮夸状态下的文化，往往是越被"重视"和"热炒"，其效果就越相反，让人看来越显得"没有文化"或"缺少文化"。为什么？因为这些做法只是追求了某些文化之"体"，却丢了文化之"魂"。就像急于通过整容来造就大量美女，却忘记了自然的美女是什么样的一样。尤其值得注意的是，除了长相可人之外，美女之美究竟在哪里？她们的气质、品行、教养和事迹，是可以通过整容来复制或代替的吗？如果缺少了这些内在素质的培育，是不是会更让人觉得，"造美运动"比起欣赏"自然美"，不去刻意造美的风格来，其实显得更没有文化？"造美运动"以牺牲了应有的审美境界为代价，追求的是一种简单化的功利。

使整个社会文化的发展日益走向片面的功利化、消费化、短期化、低俗化，简言之，浮躁化，是一种文化病态，是"魂不附体"的症状。当然，这是说它的体没有达到与优质文化的精魂的统一。"魂不附体"未必是完全没有"魂"的，也可能是让某种非文化的、或浅薄文化的"魂"附了"体"而已。

（陈阳）

论 "大瓜主义"

俗话说，"种瓜得瓜，种豆得豆"。但菜农不会满足于此，他们追求的是培育出又好又多又大的瓜豆，而且越快越好。

那么，作为一个瓜农，怎样才能收获满园又大又好的瓜呢？正常的答案是：用心经营整块瓜地，如按时浇水、施肥、除虫，等等。但是，如果有位瓜农，他不耐烦好好经营整块瓜地，觉得收效太慢，而且对结果没有把握。于是，他想另辟蹊径：到地里去精心物色，挑选出若干"好苗子"，指定它们成长为"大瓜"；然后重点经营，把水、肥等资源向这些瓜倾斜；还加强管控，不时去拨弄几下，随时察看它们长得怎样……这种另辟蹊径的"创新"，我们可以称之为"大瓜主义政策"，简称"大瓜主义"。

那么，千百年来，有多少瓜农是采取这种"大瓜主义"方式的？如果确有这样"聪明"的瓜农，那么他的经营效果如何？是否比别人收获了更多、更大、更好的瓜？回答是否定的。因为这样"聪明"的瓜农确实很少。真正的瓜农都知道，忽视了田间管理和瓜秧自身生长的规律，为了几个未必长成大瓜的"大瓜"，而牺牲对瓜地和瓜园的系统经管，结果总是得不偿失的。只有不断地改善，经营好整个瓜园，才能培育出越来越好、越来越多的大瓜。

但是，那种急于求成的"大瓜主义"的诱惑力，还是不能轻视的。因为在我们的社会文化，特别是教育科研领域里，比"聪明的瓜农"更"聪明"、更急于收获"大师级人才"和"大师级成果"的，还大有人在。只要看看现在各地方、各高校，多么热衷于搞旨在培养各行各业"大师级人物"的"人才工程"，为之开路保驾而设置了多少享受特殊资助的人才项目，名目翻新地动用了多少行政资源，就可以知道，有人在多么认真地奉行"大瓜主义"了。

平心而论，瓜农希望培育出大瓜，是完全没有错的；政府和学校希望培养出新一代的大师，更是完全没有错的。如果这个目的能够实现，国人谁会不欢欣鼓舞呢？但现实告诉我们，"大瓜主义"错的不是目标，而是路径。人才成长的路径和瓜果生长的路径之间，有一个相似之处，就是其自身生长的规律性。对于个体的生长，人可以有意识地干预某些环境和条件，但不能取代其规律。规律是普遍性的，人不能将自己的目标建立在个别和例外的基础之上。

要想知道"大师"级人才及其成果生长的规律和条件，我们有一位现成的榜样——马克思。

不妨研究一下马克思是如何成长并写出《资本论》的。首先可以肯定，它绝不是当时官方给予立项扶持的结果。那么，我们今天要想了解马克思，可以重点研究一下，除了他个人的天才和勤奋以外，还有哪些社会因素，对他是有利的条件。弄清楚这一点，我们的国家社会，就可以致力于把那些有利的条件都充分供应出来。

再研究一下马克思为什么没有写完《资本论》。因为他实际上是累死、穷死在半路的。那么，我们的国家社会，能不能把对马克思完不成《资本论》的这些不利条件，统统加以改善，让现在努力着的"马克思"们，能够安心完成他们的"资本论"呢？

从国家和政府的角度看，如果这两方面的条件得到了保证，那么就是尽到了责任。剩下的，就要看人才自己的功夫了。

可以相信，有当今时代这样好的机遇，只要政策对头，我们迟早也会培育出当代的马克思，一定会有自己的大师。

（杜平）

莫将包袱作盾牌

　　人难免犯错误，错误也有大小深浅之分。过去犯的错误无论大小，如果老是跳不出、放不下，就会成为人的一种思想包袱。背着包袱走路是很累的，也影响前行的速度。因此，毛泽东曾有一句话，劝导同志们要"放下包袱，轻装前进"。

　　不过，历史和现实生活中却有另外一种相当常见的情况：过去犯的一些错误，原本是来自不易觉察的根本立场或思想理论层面的偏差。就是说，一连串"小"错误的背后，其实是有"大"错误撑着的。前面的"小"错误能够发现并改正了，后面的"大"错误却未得到省察，这样"改正"过来的，只能是一时一事，改正的只是犯错误的结果，还不是犯错误的原因。犹如一个人腿脚很快，却不知辨别方向。以前跟着别人跑错了，现在又跟着另一些人，换个方向猛跑，实际仍然继续犯着同样的错误。而且最要不得的是，当别人告诉他"你又跑错了"的时候，他却觉得委屈，说："错的明明不是我。我已经改正了，你为什么还要跟我过不去？！"

　　继续坚持原来的"大"错误，抱残守缺，却听不得别人的批评意见，谁批评就用"不要老提过去"，或"改正也需要时间""条件还不成熟"等说辞，来为自己辩解和抵挡，这就是比背着错误包袱前行还要糟糕的事情，用得上另一句话来形容："包袱未卸下，却留作了盾牌。"

怎样才是真正放下了包袱？恐怕不能凭一句话就解决问题，而要看是否真正回到了"解放思想，实事求是"的思想轨道和精神状态。因此，要把错误或缺点的包袱真正卸下来，未必都是简单的、轻而易举的事。而且历史告诉我们：越是"大"的、思想理论层面的失误，越是需要经过深刻的、系统的、持续的反思、批判和自我超越，才能卸下这个沉重的包袱。对于整个国家社会来说，这首先是思想理论工作和"顶层设计"所要担负的责任。理论层面的拨乱反正，向来是既急不得也缓不得，既停不得也乱不得，既玄不得也浅不得，最草率不得的事情。

所以，我们在现实生活中，要防止那种挥舞着错误包袱当盾牌的现象。

比如，对于"文革"这场可称作灾难的失误，虽然我们党经过痛切的反思，并且已由中央做出了历史性的决定，依据确凿的事实予以果断否定；虽然整个改革开放、建设中国特色社会主义、振兴中华的新征程，也是由否定"文革"开始的，其巨大成就已举世瞩目；但是，还有不少人对"文革"的错误究竟在哪里，我们应该怎样走出它的阴影，并无应有的认识，对于艰难赢得的进步也视而不见，却以今天遇到的腐败、贫富差距等现象为理由，重新呼唤起"文革"来。他们也许以为，只有采用"文革"式的手段，才能打倒特权，清除腐败，实现公正。殊不知，"文革"的根本错误之一，并不在于它的理由——"反修防修"等口号本身，而恰恰在于，一旦有了"正当"的理由，就可以"无法无天"。在"有理就可以无法无天"的意识中，可以任意地剥夺和侵害人们的权利，乃至任意地剥夺和侵害人身和生命安全。这就必然与正确的目标南辕北辙，使"治恶"变成"恶治"。而改革开放以来所坚持的社会主义民主法治方向，才是保障人民幸福和安全的唯一正确的选择。所以说，以"文革"式的思维呼唤"再来一次文革"，正是把昔日的包袱当成了今日盾牌的一个典型。

留恋旧的僵化思路而不自知，反而将其当作正当的理由，这类现象还有不少。例如以计划经济的模式评价市场经济；以"左"（右）的心态抵制右（"左"）的偏向；以人治的习惯对待法治的实施；以行政化的方式管理科学研究和文学艺术；等等。这些现象，事实上都时时在为改革发展制造着障碍，成为我们前进道路上的"负能量"。

在战场上，盾牌的作用是为了保护我们的身体不受伤害，但由"错误包袱"做成的盾牌，保护的却是我们的错误和缺点。然而，坚持错误不愿改正，最后反受其害的正是我们自己。所以，投身于改革前进事业的人们，都感到有必要大声疾呼：

莫再把包袱当盾牌！

（胡波）

路径依赖症

西方有的学者发现，人们的行为中常有一种情况，即一旦开始做了某种选择，惯性的力量就会使他们不由自主地继续走下去，不能轻易回头或改变，仿佛走上了一条不归之路。这种现象，就被称作"路径依赖（Path - Dependence）"。学者用大量经典实例论证了这一现象。

那么，造成这种现象的原因究竟是什么？是客观规律，还是主观失误？

好比你们村的周围，只有一支鼓乐队，无论什么红白喜事，都只能请它出场。而它又只能演奏那么几支固定不变的曲调。于是仪式上的演奏效果，就只能拜它所赐了。但我们要问：难道这是必须的吗？有没有可能不这样，而是按照仪式的需要选择乐曲呢？

再好比你家门前只有一条路，无论你出门要去哪里，都要先走过这条路。但是，如果这条路的延长走向，与你要去的地方不在同一方向上，你也非要沿着它走，老是去绕一下么？是否应该想办法，探索、开辟出另外一条直接通向目标的路来呢？

......

　　仔细想一想可以知道，"路径依赖"并非是客观规律，而是一种思想方法和价值观念的病症。它奉行的是"不依目标选择路径，而让路径决定前途"的"路径教条主义"。其病根，在于对自己的"目标"并无清晰透彻的理解和坚定的追求。

　　客观规律当然是有的。但在任何事情上，起作用的客观规律都不止一条。所以人们选择自己的目标时，要遵循事物发展的客观规律，同时也要按照实现目的即实践的规律去选择路径。如何选择路径，正是考验人的知识水平和思维能力之处。如果人们使自己陷入"被路径架着走"的无奈也无力的状况时，需要反思的不是"客观规律"，而是主体意识，否则便会犯"路径教条主义"的毛病。"路径教条主义"的后果，总是使事情走向"欲速则不达"，甚至"南辕北辙"的境地。

　　这样的事例在历史上并不鲜见。据《资治通鉴》记载，唐玄宗想要招贤纳士，命令天下有一技之长的人都到京城考试。但是，唐玄宗并没有考虑自家的体制和机制问题，比如这个工作应该由哪个部门、什么人去做，让谁来把关。于是"路径"就被主管朝政的权臣李林甫把持。李担心民间的贤士在对策时揭露他的奸恶，就巧言说："被推荐的人大多出身卑贱，恐怕会胡乱说庸俗粗鄙的话惊扰君上。"李以此为借口，要求各级官员"严加选拔"，并在最后的复试环节，让这些考生无一通过，全军覆没。于是，堂堂一次国家层面的"抢才大典"，却没有招到一位贤士。但这并不妨碍李林甫上表祝贺——皇上的决策英明圆满，现在已经实现了"野无遗贤"！一场旨在招贤纳士的"人才工程"，就这样成了拒贤士良策于千里之外的闹剧。

这样的事例在今天也时有所见。比如，国家推出建设新型智库的战略措施，本意是想调动全社会的积极因素，倾听各种不同见解的陈述和讨论，充分吸纳各行各业专家的真知灼见，以提升科学民主的决策力和执行力。这个本意实属国家治理之上策。但是没想到，一旦以指令性资源分配的方式，自上而下地实施，其效果可能就南辕北辙了。

为什么？因为很多基层"智库"的建立，并非出自专家学者们的建议，而是出自某些行政权力的意旨；建立智库的目标，也不是让专家学者们为国家贡献真知灼见，而是为了取得更大的"政绩"；对智库成果的评价，很多是以得到上级领导人的批示层次和多少为标准的，而不是成果本身建设性价值的深度和力度；最要命的是，专家学者写的东西，哪些纳入或不纳入成果系列报送给上边，是由掌管智库渠道的人和部门来决定的，而他们自己是不是专家，其见识水准是否符合国家的水准等，则未见有可保证的一定之规……这样一种"路径依赖"的形成，就很可能实际上扭曲了设立智库的本意，颠倒了智库的功能。假如仅仅把"揣摩领导意图，迎合领导意见，获得领导赏识"作为追求目标，那么就由领导本人一力承担就是了，还要这样的"智库"有什么用？可见智库掌握不好，反而可能会把真正的好东西也给过滤掉，让那些投机取巧、迎奉拍马、一味瞎忽悠的东西有机可乘。这难道还不是南辕北辙吗？

实际上，那种平民百姓"莫谈国事"的时代已经过去了。在人民当家作主的新中国建智库，官方智库应建立在繁荣、成熟的民间智库基础上。只有不断推进社会主义民主法治，充分调动亿万民众参政议政的积极性，在公共领域中不断淬炼民智、民意，使整个共和国成为一个包含无数小智库的元智库，我们的人才和智库建设才能真正超出"路径依赖"，从人民群众那里汲取到无穷智慧。

"路径依赖"不止是一种思想方法的病症，也是一种意识形态和政治体制上的缺陷。走出"路径依赖"的出路，在于"全面深化改革"！

（天倪）

"流言蜚语"的构成和意义

    我们在生活中，有时会弄不清"造谣生事"与"言论自由"的关系。

    世上总有各种各样的"流言蜚语"，如"孟轲杀人""三人成虎""众口铄金""把蚂蚁说成大象"，等等。

    所谓"流言蜚语"，通常包含两个成分：一个是未经证实的、对某个事件或人物的描述性陈述；另一个是言之者有明显倾向的看法和议论。前者若失真失实，属于描述性错误，其严重者可称为"谣言"；后者若失真失实，则属于评价性错误，或可称之曰"妄言"。所以，我们面对流言蜚语时，既要善于剔除谣言，也要注意鉴别妄言，这样才有助于把握真相，准确应对。

    "谣言"以描述性陈述的面目出现，但却是无中生有、望风捕影，或断章取义、添油加醋、随意夸大、以假充真的"描述"。最初的谣言，听起来像是简单地反映现实，其实它是通过故意编造、掩盖和歪曲某些"事实"，让人们在未经辩认完整真相的情况下，不知不觉地接受造谣传谣者提供的结论。所以谣言的实质和要害，是逃避完整全面的事实，代之以虚假片面的"事实"，以为其所用。谣言多半以恶意的挑拨攻击为背景。点破谣言的"死穴"，是公布完整准确的事实。事实的真相越是完整、全面、准确、及时，谣言就越没有市场。

所谓"流言止于智者"，是说心里明白的人，不会"听风就是雨"，不会轻易被流言牵着走。明白人懂得首先去核对事实，看清楚后再做出自己的判断。因此，流言到了他这里以后，就得到了澄清或证实，或者成为谣言，或者成为"遥遥领先的预言"，就不再是无可鉴证的"流言"了。

"妄言"多以评价性陈述的面目出现，主要表达出言者在好恶取舍方面的偏颇倾向。妄言不同于谣言。一般说来，评价也不构成谣言。由于人们的立场和价值观念从来都是多元的，所以对于同一对象，总是有人"臧言""美言"之，有人"否言""恶语"之。即使对事实本身没有争议，在评价上也会有分歧。因为评价所表达的，只是评价者的态度和愿望。

就像赛场上，一个球打进了球门以后，裁判宣布有效，站在攻方一边的人，必定叫"好"；站在守方一边的人，则总会喊"糟"一样。此时，站在双方各自得失的局部立场上的叫好与叫糟，无论其言辞多么夸张，态度多么激烈，都不会构成谣言。但流露出来的某些偏激态度和言辞，如把叫好或叫糟"无限上纲"，对球员和裁判进行人格污辱、人身攻击，或引发双方球迷为此互殴，等等，则是评价失去了分寸和水准的表现。这样的议论，可以称之为"妄言"。

妄言不构成谣言，但它可以产生比谣言更严重的后果，因为它会触发人们之间与事实无关的价值冲突。所以，化解妄言的途径不是靠澄清对象的事实（是否进球了），而是靠人们之间的相互宽容、理解和更高层次上的认同。比如，大家都从比赛规则和提高球艺等层次上看，双方的判断可能就不会那么对立了。双方球员、教练和啦啦队以及其他观众，如果事后的回味和交流，是着眼于足球运动的事业，那么大家的评价就可能会有更多的共同语言和一致意见，而不是走向彼此对抗，而这才是社会评价的正常状态。"妄言"如果不是出于恶意挑拨攻击，那么其实多是一种失态。对待这样的"妄言"，总体上可以像对待小孩的"胡说八道"一样，保持一定的宽容，给予善意引导。

无论臧否美恶，离开了客观公正的评价标准，就可能失态，成为"妄言"。但评价没有唯一不变的、绝对客观公正的普世标准。所谓客观公正的评价标准，对我们来说，其实就是要站在人民主体的立场上，着眼于整体的发展过程和长远利益，以公平正义、与人为善、积极建设的态度去看待当下的事物。这是一种觉悟、一种境界，是通过社会教育和个人涵养来达到的思想水平，不是可以硬性规定、整齐划一的法律义务。因此，只能依靠加强社会建设，依靠人们不断觉悟的过程，来减少其负面作用。

进一步说，谣言和妄言各有不同的性质和作用，而它们的共同点，都是越过了言论自由的界限。法律所保护的、正当的言论自由，是有底线的。这个底线，就是人们发表言论的权利与责任所在：一是必须尊重事实，任何人都有负责任地披露和描述事实的权利，但没有伪造事实、造谣传谣的权利；二是坚持评价自主，任何人都有参与社会评价、表达自己（好恶）态度的权利，但没有借此侵犯和剥夺别人表达权利的权利。在这里，权利也是责任，任何人言论自由的权利与责任都应该统一起来。所以，有关言论自由的法律，从不保护谣言和侵权的言行，而是做出相应规定，视其情况加以限制或追究。

（陈阳）

"关卡式服务"让人愁

"关卡"一词，想必大家都不会觉得陌生，比如《水浒传》中二龙山"金眼虎"邓龙阻挡"花和尚"鲁智深的那三道关口，历朝历代各州县征收赋税的设卡路障，飞机场的安检，军事重地和安全禁区周围的护墙和岗哨，等等。关卡的作用就是，人未经过相应的身份检验，就不得入内和通过。

我们生活中的关卡，可谓历史久远，随时可见。仔细观察这些关卡，可以发现，它们是有不同性质和类型的。对于大多数人来说，这些关卡大体上可以分为两种类型：起保护作用的与起限制作用的。

起保护作用的关卡，多半与维护某些公共秩序，特别是公共安全有关，比如飞机场的安检、军事重地的封闭、高压电器等危险区域的隔离、公共场所入口处的安检，等等。这些关卡，既是被保护的目标所需要的，也是维护公共秩序、保护个人安全所需要的。所以它们是必要的、合理的。

至于起限制作用的关卡，则多半与设定某些障碍和程序，使人不便径自行动的目的有关。至于其是否必要和合理，则往往有意见分歧。有些关卡，设之者认为完全必要而合理，而用之者则认为既无必要，也不合理。这时就要看这些关卡由谁来设置、为谁而设置了。举几个例子。

最莫名其妙的有，在火车站的出站口处，设置了狭窄的围栏，为了查验车票的方便。但是对于提着大包小袋的旅客来说，顺着窄窄的围栏缓慢而又艰难地前行，是多么不便。这不禁会让人起疑：究竟是车站管理的方便重要，还是为旅客服务重要？出站，一定要再查一次票吗？

最富有幽默感的有，某些管理部门收纳群众意见的"意见箱"，如旗帜一般，离地两米多高。这足以让普通群众"仰之弥高"，还有意见可提吗？这样的做法，让这样的部门在百姓心中的距离何止两米！

最具有讽刺性的有，某些机构"便民服务"的办事窗口，设置得非常尴尬，竟让来办事的人，只有以"蹲式""半蹲式"甚至"跪坐式"的姿势，才能与窗口内的办事人员沟通。这种迫使群众"躬身屈膝"的窗口，说自己是为人民服务的，谁信？

最显奇葩智慧的有，让人除了户口本和身份证以外，必须拿出"你是你自己""你妈是你妈"之类"确实无误"的证明文件来。这似乎是依照规定程序办事所必须的，但是，这样的规定出自什么样的脑袋，让人生疑。除了为"即便出现麻烦，我也没有责任"的办事潜规则服务，它还有什么意义？所以有老百姓调侃说：请他们证明一下自己"没有精神病"如何？

最能折磨人的则有，科研经费管理中的报销程序，实际上与科研活动的方式和节奏完全不对接，而是一切按照行政开支的条例执行，不仅烦琐，而且僵硬，致使一向不以"计算和公关"见长的科研人员，难免视其为危途："报账是个技术活儿""每年的报销，我都要掉几两头发"……这样的管理，是管理为科研服务，还是彻底颠倒了？

总之，一切起限制作用的关卡，其设置究竟是否必要及合理，归根结底要看是由谁来设置、为什么来设置，本质上是由谁来制谁。

有些地方，长期习惯于管理和控制对象，而对人民群众的需要视而不见，所以并不是在"为人民服务"。他们把"严守关卡"理解为"冷服务"，这样的管理"冷"则足够冷矣，"服务"却显不出温度。

在我们的国家里，人民群众是最高的权利与责任主体。执政党和整个管理体系，要以"为人民服务"为宗旨。政府部门不是居高临下的"官老爷"，老百姓也不是被"放牧"的对象。要从根本上扭转上述"关卡主义"的错位思路和习惯，就必须要摆脱"官＝管、卡、压"的思维。政府部门只有将自己视为人民意志的执行机构，将自己完全置身于人民队伍之内，而不是之外、之上，才能使管理不致沦落为歧视、刁难和折腾，成为名副其实的"服务"。

（王敏）

解放思想不能 "开清单"

"教授，解放思想，要从哪里解放到哪里？能不能给开个清单？"

"老师，马克思主义基本原理究竟是哪几条？能不能给开个清单？"

"专家，究竟哪些食品应该吃，哪些不该吃？能不能给开个清单？"

"各位，创新不是胡乱编造，哪些该创新，哪些不该？能不能开个清单？"

……

无论做什么事，如果事先能有一份标明"正确与错误界限"的清单，无疑是大有好处的。比如出门旅行，如果没有一份必备物品的清单，就无法着手准备，上路以后也会麻烦不断；开会若没有参加人员和会议日程的详细清单，这个会肯定是无法开成的；写学位论文，若不开出参考书目的清单，是不会得到好评的，甚至不能取得答辩的资格；至于工程建设，更需有设计图纸、工程材料、施工进度、质量标准、经费预算等一大套细目清单……总之，似乎愈是复杂的事情，愈是需要预先开列清单，唯有如此才能开始操作。所以，很多人不仅需要，而且已经习惯了，甚至依赖上了"开清单"，凡事都要求"开清单"。但他们不知道，这种"开清单"的模式，是一种以执行为目的的"工程思维"模式，把它用在以开创为特征的科学研究、思想理论文化建设上，并不合适。

"解放思想，实事求是"，是邓小平在改革开放之初提出的具有开创精神的指导原则。这种原则，在那些旧的东西已经濒于消亡，而新的东西又尚在破土欲出的时期，是一种伟大的见识和态度。

"解放思想"，就是要不断地打破一切已经不再适应新的社会发展状况的思想形式，并使新的思想形式转化为新的行为方式，从而既适应社会发展的新需要，又能进一步破除旧的思维方式和行为方式，为社会发展清除障碍。但解放思想是不能预先开列清单的，因为若预先规定好哪些思想必须解放，必须把思想解放到哪里去，就等于是让思想从一个旧框子"解放"到另一个"新"框子里。这其实不是解放，而是"换框"，成了"解放思想"的悖论。

"解放思想"是冲破一切束缚思想的僵化框框，但不是不要任何框框。"解放思想"本身遵循一个最根本的导向，即"实事求是"。可以说，实事求是既是解放思想的目标，也是它的标准和界限，即唯一的框框。无论怎样解放思想，结果只能是越来越实事求是，而不是相反。假如为了一己的利益和欲望，就不顾实事求是，那不是解放思想，而恰恰是束缚思想。

同样，"实事求是"也是不能预先开列出"清单"的，因为世界总是在变，人也总是在变，一切实事求是的结论，也必然会变。

每一个时期、每一个领域，从实际出发所得出的正确结论，都只具有局部的、相对的意义，而唯有"实事求是"才是永不过时的正确原则和结论。只有这一原则本身不变，我们才能不断地接近真理，与时俱进，使自己立于不败之地。所以，"实事求是"本身不能开列其具体结论的清单，就像我们不能开列"绝对真理"的清单一样。

可见，"解放思想，实事求是"，就是追求真理。追求真理是为了人民和人类的解放。只有实事求是才是解放思想；为了实事求是必须解放思想。自觉地解放思想，实事求是，是一个健全的社会具有自我提升能力、步入良性运转的保证。

但是，"解放思想，实事求是"说起来简单，做起来却极不容易，极其艰苦。因为我们的干部队伍还有一种心态没有克服，这就是害怕艰苦，不敢或不愿解放思想，实事求是。凡事就希望有人，特别是"上边"，给开出一个比较保险的"清单"，这样的推诿心理和懒汉作风，就是这种心态的典型代表。

考其原因，或许可以发现，长期以来，我们在政府工作中养成的习惯，就是把事情分成"一、二、三、四……"，这样划分自然有其好处，例如能够提高效率，便于分配工作，步骤清晰，按部就班，非常适合体制化的运作。所以，无论碰到什么任务，不管是有关物质文明建设方面的任务，还是有关精神文明建设方面的任务，统统平面化为"一、二、三、四……"，就这么一字排开地去执行。然而，我们须知，国家治理不是工厂管理，社会运作不是机械劳作，思想理论更不是按图索骥。它们都是人的创造活动即经济实践、政治实践等各种实践的产物。所以，我们需要创造性地对待它们，而这种创造性就来源于思想的解放、实事求是的探索。

假如一定要开出一纸清单来，保证我们的工作不犯大的、颠覆性的错误，并沿着马克思主义的道路前进，那么，我们可以开出的，只能是这样两条：

　　一、真理原则——解放思想，实事求是！

　　二、价值原则——一切为了人民！

（王俊博）

第 4 辑

×

治学篇

小学匠与大学问

　　我们的时代是改革开放的时代，是社会大变革、大发展的时代，这个时代迫切需要足以影响和改变人们的思维方式与价值观念的科学与文化，需要改变整个社会风气的理论与学说，需要大的科学家、经济学家、法学家、史学家、哲学家，等等。可是有一些很不好的治学风气与为学为人境界，妨碍了我们的成就。其中一个非常典型的现象，可谓"小学匠"习气。

　　什么是"小学匠习气"？就是满足于简单地炒作古籍经典，把名家大师当偶像崇拜，追逐学界时尚，却不加反思，不思建树，没有原创意识的学风。

　　"小学匠习气"表现之一是，在外国学者，尤其国际知名学者面前，总是一种"学徒"心理、"学舌"方式、理论"掮客"的做派，满足于编纂、翻译、转述、介绍，而缺少批判性反思，缺少再创造，缺少自己的原创性成果，甚至连这样的意识也没有。这种治学方式虽然也能出很多成果，但会给人一种"二道贩子"的感觉。对这种为人为学之风，我们可以用"龙种"与"跳蚤"来比喻。

德国诗人海因里希·海涅有句诗："我播下的是龙种，收获的却是跳蚤。"这句诗因先后被恩格斯和列宁引用而闻名。恩格斯在致保尔·拉法格信中，针对打着马克思主义旗号混进党内胡闹的"青年派"说："所有这些先生们都在搞马克思主义……马克思曾经说过：'我只知道我自己不是马克思主义者。'马克思大概会把海涅对自己的模仿者说的话转送给这些先生们：'我播下的是龙种，而收获的却是跳蚤。'"① 列宁在《俄国资本主义的发展》一书中，也以同样的方式回击他的论敌。这句诗的意思是，那些后继者、模仿者，不去着力体会他们的伟大先驱人物的精神实质，不去揣摩他们的理论深度和历史高度，从而有效地推动历史发展和文明进步，而是一味地形式化模仿，甚至是拉虎皮做大旗。装饰自己吓唬别人，结果只能成为空洞的标签、劣质的赝品。

今天的学术界、思想理论界，在对待国际学术大师、著名学者的态度上，也有"播龙种，收跳蚤"的小学匠现象。举例说明。

有的人把国际知名学者视为权威加以敬畏，把经典名著视为教义加以盲从，却不下功夫揣摩其理论、学说的精神实质，把握其思维方法、历史洞察力和人文情怀，而是把它们当作空洞的形式加以拙劣地模仿、引用；不是联系特定的时代背景、话语语境以及针对的问题，而是抽象地搬弄、套用甚至曲解；或者把名家大师当作偶像崇拜，我研究谁，就不容许别人批评、质疑谁，俨然是这些名家大师的跟班、护卫。

---

① 《马克思恩格斯选集》第4卷，人民出版社2012年9月版，第603页。

有些人把研究西方学术当作依傍名家大师，依傍经典名著，不是把他们讨论的问题吃透，把他们的方法论、思维方式和精神实质弄准，并在这个基点上继续前进，而是搬弄一些名家的文本、词汇，以"彰显"自己有学问。各种生硬的西方学术话语满天飞，但研究者自身的思想是什么，解决了哪些问题，在哪方面推进了学术，看不出来。或者把名家名作当作唬人的资本，仿佛我研究的那个原作者深刻，我自己也就因此深刻；原作者有学问，我自己也因此有学问；原作者地位高名气大，我自己也因此就地位高名气大了。

有些人的研究限于编撰、翻译、转述、介绍，没有批判和反思，没有自己独立的分析、解读和创新。更有甚者，刻意炒作一些陌生冷僻的外国学者，用未经透彻理解的生硬文体阐释介绍，看似博学，实则盲目和平庸。对介绍这些东西的目的是什么，价值何在，如何将其当作推进中国学术的动力，发展中国学术的资源，如何用它来分析和解决历史和现实中的问题，等等，一概不清楚，也不思考。

如果说"小学匠"与名师大家相比，是"跳蚤"与"龙种"的关系，那么在传统经典著述面前，"小学匠"则往往摆出一副"出土文物专享者"的姿态。我们知道，对待"出土文物"，发掘之后只能力求恢复其"原貌"，原样封存，不得随意改变和附加任何东西，唯恐有损和失真；继而只能对它倍加珍惜、保护、珍藏，作为专权专利，只供特定人士收拾存取、观赏把玩，他人不得与焉。而摆出"出土文物专享者"姿态的，与大众化相反的"小学匠"，其习气往往表现为一些人自封为珍贵出土文物的全权收藏者、独家诠释者、荣誉专享者、权威鉴定者，因此总是一副"此树是我栽，此路是我开""他人莫予毒也"，不可一世的神气。这种习气，无论其顾盼自雄，还是顾影自怜，其实都于学无补，于世无益，自弃于时代和实践。

在中国，"小学匠"习气源于根深蒂固的经学主义治学传统。时至今日，这种传统不仅被一些人继续用来治"中学"，而且用来治"西学"和"马学"，其风之盛，已令学界许多人为之担忧。因为当今时代，中国最需要的不是人云亦云的"小学匠"，而是具有独立人格、学贯中外、思接千载、创新古今的思想者、开拓者、大手笔！

（孙美堂）

哲学，还是要说"人话"

哲学，还是要说"人话"。

关于哲学是不是科学，一直很有争议。答案取决于对"科学"本质的理解和界定。最初在亚里士多德那里，"科学"只是"分科之学"的意思，后来分化成广义的科学与狭义的科学。广义的"科学"，马克思将其界定为人类"理性地处理感性材料"的活动及其成果；罗素则强调科学的精神实质是"实事求是"。按照这样的标准，哲学与全部人文社会学科似乎都应该属于"科学"的大家庭。但在罗素那里，结果却不是那样的，问题在于对"实事求是"的限定。狭义的"科学"，正是一个被刻意加以实证化限定的概念。它设置了门槛：是否可证实或证伪，是否可形式化，等等。按照这样的标准，仅仅那些像一些自然科学的，具备了实证化特征的学科，才属于科学；而哲学和各人文学科，因其不具备某些这样的特征，则不在其列。

于是，争论哲学是不是科学，实际上就成了背后的潜台词和话语权之争：究竟为什么要设置门槛？门槛应设在哪里？谁说了算？

设置了门槛以后，门内门外有何不同？它们之间，是"可信"与"不可信"的区分吗？……这样多的连环疑问，就使这场争论显得是一个扯不清的哲学圈套，是多余的"没事找事"了。

但是，事情却没那么简单。1994年在南京召开的一次哲学研讨会上，有一个小小的争论，把"哲学是不是科学"的意义，提高到了一个新的水平。

当时有一位很受大家敬重的老先生，发表了一个引起争议的观点。他说：哲学是科学，科学要给人提供那些不依赖于人的、普遍的、永恒的、终极的知识和真理。所以，哲学不应该代表人说话，不应该过多强调实践、主体性、价值这些只是属于人的东西。哲学应该代表宇宙说话，说那些不依赖于人的、普遍的、永恒的知识和真理。但会上立即有人质疑道：这个观点太强人所难了！谁才能够代表宇宙讲出"普遍的、永恒的、终极的知识和真理"呢？好像只有神和上帝！老先生的意思，是要他们去揣摩神的旨意，说"神的话"，而不作为现实的人，去说"人的话"吗？这个争论后来一度成为学界的一个经典。

"哲学应该说人话还是说神话"，这显然是一个根本问题。老先生认为哲学是科学，希望哲学追求普遍真理，这个话并不错，用意也是好的。但是，他对科学和科学精神的理解，却显示出要把"人"排除在知识和真理之外的倾向，不能不说是步入了一个根本性的误区。

科学和科学精神，其实是最讲"人话"的，越是科学的知识和真理，越是讲出了人的"真话"。因为，它们正是人用人的眼睛看、人的耳朵听、人的手去做、人的脑袋想的产物。科学的知识和真理体系越是发展，也就越贴近而且深入人自身的生活领域。而哲学，说到底，也是人对人的一切行为和经验的反思与觉悟。所以，越是与科学和科学精神相一致的哲学，就越是充满"人气"，紧接"地气"。总之，科学和哲学终归是人的头脑在活动，是人的观察、实践和思考观，所以只能说"人的话"，不可能说"神的话"。正因为如此，马克思才说"哲学是时代精神的精华"，而不是"神的永恒旨意"。

把科学和哲学引向"神话化"的路径，说到底是不理解人，忽视了人。罗素对"实事求是"的理解，就包含了对人本身的某种忽略。比如，他认为人的情感、兴趣、价值特性等，是科学所不能，也不该涉及的。这样，他就把科学的对象范围，缩小到了尽可能远离现实的人的领域，而不是堂堂正正地宣布：人对人自身，不仅更加需要，而且能够实现"实事求是"！

哲学要"说人话"，不仅因为哲学家是人，哲学代表人类在思考；而且还意味着遵循了一个宗旨：最终都是为了人。

"说人话"意味着，我们承认人的局限，也承认人的权利。我们所说的，当然并非"句句是真理"，更不可能是"终极的、永恒的真理"。但追求真理是我们永恒的使命和权利，也是无止境的曲折过程。因为我们是人，是人就会犯错误，就要改正错误。所以我们面对世界，也无须自诩有"真理一口清"的能力和权利。

"说人话"也意味着，哲学有关心人、理解人、提升人的责任。与神相比，人当然总是有弱点和局限性的。到现在为止，人类还有很多不知道、不明白、不会办的事情，并且还有许多受利益驱使不得不去迁就的行为。因此，人需要学习、组织和管理。但是，这里有一个根本立场的区别：知道了人的弱点之后，千方百计地利用它、驾驭它，以达到某一神秘的目的，这是卑劣、卑鄙的反人道行为；而知道了人的弱点，想办法和大家一起弥补它、改变它、超越它，以减少其危害，这才是对人的忠诚，是人类之爱。

哲学的使命和荣耀，也就在这里。

不论是社会的发展，还是我们个人的生活，现在都到了一个自觉地"说好人的话，做好人的事"的时代。谁也不能以神的代言人自命，而是要以人为本，大家共同承担起人类所应承担的权利和责任。

（木卫一）

无关打井的"打井学"

我们的学术理论界，有一种很不自觉的风气，就是一遇到什么重大问题，就喜欢跟风而上，摇旗呐喊，却并不着力于真做实干。

打个比方：一说要打井了，就有一些人跑出来，争先恐后地做"打井学"的文章。他们热衷于引经据典、振振有词地论述"打井的意义"，头头是道地考证"打井学的历史源流"，诲人不倦地传授"打井的规律和要领"，高屋建瓴地指出"打井需要注意的若干问题"，等等，却从不参与打一口井，也不关心了解当下打井第一线的实际情况，究竟有什么问题是需要从理论上回答的。

不难想象，这样写出来的《打井学》，一定只是书本概念和主观意向的推演，很难提供解决现代打井实践中的真问题的新办法。

"打井"是指一项项现实具体的实践；"打井学"是指相关的知识储备和理论指导；二者之间是实践与理论的关系。显然，没有人类世代打井的经验，就不会有打井学；不把打井的经验及时总结提升为"打井学"，人类也达不到今天能够打各种深井的水平。可见，打井学很重要。其重要性，必然体现于"来自打井，回到打井"的连续不断、循环往复的过程。这个连续不断的过程一旦中断，那么打井的实践一定会陷于停滞，花样翻新的"打井学"也一定成为空话和废话的堆积。

而一个社会的思想界，如果出现了"写《打井学》的人多，打井的人少"这种情形，那么一定是哪里出了毛病。

例如，时下很时兴讲"文化自信"。但很多文章，只把自信当作一种愿望和号召，并不了解也不关心"自信"本身是一种什么样的心态，真正的自信会怎样表达出来，却一味围绕"文化自信的伟大意义""我们需要自信""我们有理由自信""自信源于认同传统文化""自信在于坚守理想信念""文化自信要入脑入心""文化自信要从娃娃抓起""坚决反对文化不自信""文化不自信的各种危害"等任意发挥，倒像是要构建一套"自信学"出来了。

其实，真正自信的文化，并不在于论证或告诉别人"我自信"，而是在自知和担当的基础上，用具体表达的风格和意境，去展示自身文化的形象和魅力。古诗有言："十年磨一剑，霜刃未曾试。今日把示君，谁有不平事？"要敢于面对任何问题，迎接一切挑战。如此"不着一字，尽得风流"，才是中华文化传统的自信境界。就像越是满口"风流"者，越是未必真风流一样，越是喜欢就"自信"发出震耳欲聋的呐喊，就越容易显得底气不足，不够自信。遇事就大惊小怪、进退失态，轻率地危言耸听或一心哗众取宠，刻意地顾影自怜或顾盼自雄，等等，其实并不是继承和弘扬优秀的传统文化，而是与中华文化自信的传统风采格格不入的表现。

再往前追溯，改革开放初期，关于如何对待马克思主义，也曾有过"坚持"与"发展"之争。有人说：坚持是首要的，没有坚持就没有发展，所谓"发展"就会离经叛道，走上邪路；有人则说：发展才是首要的，不发展就无法坚持，所谓"坚持"就会成为教条僵化，抱残守缺。双方均言之凿凿，自成其理，却从不注重针对同一个现实对象做具体深入的分辨，实际地告诉人们：在这样的问题上，怎样才是"坚持"了，怎样才是"发展"了，在实践中可以形成的理论共识究竟如何，等等。一味纠缠于抽象的字眼之争，实际是把实践中遇到的切实问题，仅仅当成了背景和潜台词，而把各自的主观意向当成了论证的目标。

有些主张先要"坚持"的人，往往强调要首先端正立场。他们把马克思主义当作自己的话语特权，要人们凡事都先问清楚：是"马"还是"非马"，姓"社"还是姓"资"，你打井是"为公"还是"为私"……所以他们总想预先划定界限：先开列出一个马克思主义"基本原理"的清单，或"真理清单"，用来指定哪些观点可以改变，哪些观点不能动摇，并以此作为一成不变的标准，去对照检验各种理论是非。这就像事先规定了什么地方可以打井，可以打什么样的井一样，否则绝不可以越"雷池"半步，好像是把"解放思想"的行动，单方面变成了"解放思想学"的"研究"。如此议来争去，结果就把"打井"这项原本属于人类常态的行动，变成了一个复杂的、神秘诡谲的、政治上非常敏感棘手的事情。这不仅使他们自己扯不清楚，更令很多有志于打井的人，从此视"打井"为危途，望而却步。

而有些主张"发展当先"的人，则多半强调"一时管用"，仿佛马克思主义只是达到任何目的的工具，并没有自己深厚的根底和内在的逻辑。于是，这些人丢开对现实的深入观察和独立思考，只热衷于从西方或中国古代寻找一些现成的说法和概念，把它们当成"新"的理论，用一时的效果来论证"发展"的优越性。他们实际上是把"打井"当成了单纯的"取水"，以为哪里有现成的水，径直取来就是，于是照搬照抄洋人和古人的东西。只要自己觉得"能用"，就照单全收，全然不顾这水质是否已变异，水源是否可持续。这样下去的结果，同样会让真正的打井人无用武之地，使本土的打井事业陷于衰落，水源最终枯竭。

类似"先坚持还是先发展"这样的争论，当然不会有什么积极的结果。因为双方不仅把二者割裂对立起来，而且都严重脱离了当下的实际，充其量只是"纸上谈兵"而已。而它的效果，却像那个有名的古代寓言所讽刺的那样：

> 大雁飞来时，两个人弯弓欲射。但他们却先就"你的弓箭好还是我的弓箭好""射下来以后，是煮着吃还是烤着吃"之类话题争执起来。结果自然是，在争执中，大雁飞远了。

这就是无关打井的打井学。这样的治学作风，大有转变的必要。

（王金霞）

巴别塔之后

在《圣经·旧约·创世纪》中有一个通天塔（巴别塔）的故事，说的是大洪水过后，天下人的语言、口音都是一样的。于是，人们商量着合伙造一个通天塔，使每个人都能看到彼此，避免人们相互间失散，且能与上帝对话。但这一行为违背了上帝的旨意，上帝便使出一招——改变人们的语言，使他们相互之间言语不通，并让人们广泛分布在大地上，这样人们也就无法合作造出通天塔了。

这个故事揭示了由语言文化的分隔而造成的人类的极大痛苦和不幸，也展示了人们难以舍弃的一个梦想——实现全人类语言、文化的统一。试想，如果能把人类的所有语言都合成一种语言的话，那该有多方便！我们的大、中、小学生也不用费那么大劲去学习和考各种外语了。语言交流的障碍一旦解除，将会给人类带来莫大的便利和福祉！

这样一个梦想自然有其合理和感人之处，但它毕竟不是科学，也不是现实。现实还存在着很多尚未弄明白的问题，例如全人类的语言、文化究竟是否应该"统一"；为什么应该"统一"而不是保持各自的特点；如果赞成"统一"，我们应该趋向于什么样的"统一"；这样的"统一"如何实现——包括应该由谁（谁有权决定）、以什么方式实现；等等。在这些至关重要的问题上，人们历来的讨论却不多。

人类语言各异所带来的沟通障碍，确实给人们带来了许多痛苦和麻烦，甚至引发不同国家、民族间的仇恨和战争。为了改变这种状况，波兰人柴门霍夫在1887年创造了一种世界语，采取了严格的"读写一致"规则（即每个字母只发固定的一个音，重音也固定在倒数第二个音节上），语法规则也比较清晰明，尽力保持它在表达方面的简洁性、平等性、中立性等特征。这样一种简单易学、不容易产生歧义的语言，看上去似乎能够解决人类之间那些因沟通不畅所带来的问题。然而一百多年来，虽然国际世界语协会积极倡导，世界语的推广有所进展，但至今没有一个国家或地区将它作为第一语言，全球使用世界语的人数还不及总人口数的千分之一。

这是为什么呢？因为"世界语"本身是一种单一的语言，而且是一种由少数人制造出来，并企图向所有人推行的"外来"语言。然而，要让一个民族放弃自己世世代代的母语，采用这样一种统一规定的语言，这个代价会有多大、风险会有多高？人们怎样才会愿意接受它呢？语言问题，说到底，首先是人（民族、国家）自己的文化权利和责任问题，其次是人们的现实条件和能力（不仅仅是需要）问题。而人们的权利和责任、需要和能力，恰恰是一切价值认同和选择的起点。凡是侵犯了人们的主体权利与责任，或者不被主体的需要和能力所认同的东西，也就是在这个起点上缺少足够根据的东西，在现实中必然难以被接受。任何通过良好愿望和主观设计而成的所谓"全人类统一语言",都不可能无条件地推广给他人。即便这种愿望和设计本身含有某种合理性,也不能强加给其他人,否则就会导致更大的侵害、更深的隔阂、更多的冲突。历史上的民族、宗教、文化冲突,都证明了这一点。

那么,这是不是说,人类的语言就永远不会统一了呢?当然不是。这里有一个对"统一"如何理解和把握的问题。"统一"不等于"单一"。语言统一的根据,首先在于语言内容的互通。人类的各种语言之间,在内容上实际是具有根本互通性的。这种互通,事实上可以通过各种语言之间的互相翻译、沟通和理解体现出来。

先从比例上看,地球上人类的各种语言,有95%以上的内容是可以互相翻译,达到相互理解和一致使用的。只有剩下那不到5%的内容(多与文化和信仰的意境有关),纯属民族或地方所独有,难以完全翻译转达。95%以上的内容互通,说明只要是"人"的语言,本质上就已经是基本"统一"的了。

再从形式上看。事实上,经过多年的实践交往和文化交流,地球上许多的人类语言,已经或正在"统一"起来。比如科技语言、艺术语言、体育语言等,在实践中已经成为世界语言。而新一轮的全球化,电子计算机网络化的应用,也正在使商业和金融语言进一步"统一"起来。这些都说明,单就语言本身而言,巴别塔之后,人类的语言,基于内容上的普遍互通,其形式也在逐渐地走向统一。

可见,语言也不是不能统一,问题是通过怎样的途径走向统一。巴别塔之后的经验证明,全球语言在内容和形式上的完美统一,要以人们之间平等、自主的实践交往和文化交流为前提,而不能靠谁的指令和布置来完成。

语言是人类精神文化的"第一载体",而文化的核心是价值和价值观念。因此,语言统一的路径问题,也适用于全球多元文化和价值观念之间的"统一"问题。但在寻求"全人类普遍价值"的表述时,有些人却常常忽视这一点:像语言一样,地球上的人们,实际上其价值和价值观念有95%以上已经是共通的,尚难互通的是另外那不到5%,多半属于政治、宗教、道德等文化领域。这就使价值和价值观念难免要遇到与"世界语"相同的命运了。

"世界语"的世界,并不能在上帝或上帝代言人,或某些高人一厢情愿的设计中到来。

人类的共同语言,只能来自人们的切身交往和实践。

（苗光磊）

从猫头鹰到雄鸡

哲学，在人类文明的历史进步中起着怎样的作用？

黑格尔说哲学像"密涅瓦的猫头鹰，要到黄昏才起飞"。这是用来比喻新哲学形成的一定滞后性。在黑格尔看来，新哲学的出现，总是在一个时代已经结束之后的。哲学的反思只能在一个时代的薄暮降临时悄然展开。因此，哲学的功能在于对世界和历史的认识与解释。这种认识与解释，需要"精神上、情绪上深刻的认真态度"，需要从"日常急迫的兴趣（问题）"中超脱出来，追求真知，排除浅薄的临时性的解决方案与意见。因此，这句晦涩名言往往被误解成：哲学是事后的概括者，是终结性的真理，但无须给予现世界以及时的指导。

对此，马克思却给予了不同的解释。他首先指出，已往的"哲学家们只是用不同的方式解释世界，问题在于改变世界"①。对于马

---

① 《马克思恩格斯选集》第1卷，人民出版社2012年9月版，第136页。

克思的这个经典命题，有人将其本意误解为，否认哲学"解释世界"的功能，从而含有轻视科学和理论的倾向；或者仅仅以"先认识，后实践"的模式，把它理解成要完全按照已有的解释去"实干"，即按照既定的理论模式去改变世界。后来的事实表明，这些理解未能超出认识与实践、"说明世界"与"改变世界"彼此分离和孤立的思维，非但不能深入完整地把握马克思的本意，反而常常成为武断、僵化的教条主义或实用主义态度的借口。

联系马克思的整个思想体系可知，他说"问题在于改变世界"的本意，主要在于以下两点。一是超越认识与实践分离的思维模式，提出新的、更加深刻的实践与认识统一观：实践是认识的真正基础，人们只有在改变世界的实践中，才能真正地认识和说明世界，不存在一个"先认识，后实践"的机械套路。认识与实践是一个统一的社会历史进程。二是要超越狭隘、被动、庸俗的实践观点，阐明历史的、批判的、革命的实践取向。所谓"改变世界"的社会实践，既包括人类改变自然物质形态的物质生产活动，也包括改变现实社会关系的社会革命活动，还包括人从自然和社会的双重束缚中自我解放、自我提升的文化过程。因此它强调批判的、革命的实践活动与社会历史进步过程的一体化。

应该说，马克思的哲学，是一种"实践的唯物主义"。按照这一学说，绝不应把人的社会实践理解为，只有在"认识规律"的基础上，仅仅靠被动适应现状的行为，或庸俗的投机谋利行为，决不应把这些理解成坚持唯物主义。那不过是旧的、机械的或庸俗的唯物主义。而"对实践的唯物主义者即共产主义者来说，全部问题都在于使现存世界革命化，实际地反对并改变现存的事物"①。

就是说，马克思的哲学显然具有一种理解自觉和强烈追求，要将理论与实践、科学地说明世界与为了人的解放而改变世界统一起来。他的新世界观不仅立足于对世界的彻底唯物主义的科学解释，而且必然地得出了要"使现存世界革命化"，走向人的解放的价值取向。"实践的唯物主义者即共产主义者"，斩钉截铁地宣告了这一学说在政治上的价值取向和历史结论，从而也亮明了社会主义共产主义运动的哲学旗帜。

如果说，马克思把当年法国大革命的哲学先声——法国的唯物主义哲学——称作"高卢的雄鸡"，那么马克思的实践唯物主义哲学，则可以被看作呼唤人类解放之黎明的"雄鸡"。

黑格尔把哲学比作神殿的猫头鹰，总是到黄昏才起飞。这讲出了新哲学产生的条件和过程之艰难。马克思则要哲学做革命的"高卢雄鸡"，去唤起新时代的黎明。这讲出了一种真正接地气、有生命力的哲学，它一旦形成，就会产生巨大的历史作用。马克思和黑格尔并不是互相对立的。因为：

哲学的使命，总是要从观念的黄昏冲进黑夜，然后冲破黑暗，创造新的光明。

（赵立伟）

---

① 《马克思恩格斯选集》第1卷，人民出版社2012年9月版，第155页。

老虎也是猫科动物

　　建设中国特色的社会主义，意味着既要坚持马克思主义的理论指导，又要继承和弘扬中国优秀传统文化。那么两者是什么关系？它们是相互外在、彼此对立的关系，还是内在一体、本质一致的关系？这个问题需要对"什么是马克思主义""什么是中国优秀传统文化"和"如何坚持马克思主义指导""怎样弘扬优秀传统"有清醒的认识，并在实践中做出有效的探索和回答。

　　但在现实中却可以发现，有一些理解和争论，不是沿着科学的实事求是和建设性的方向去深入，而是沿着另外的一种思路，使思想脱离了正常的轨道，变成了无聊的意气之争。

　　比如，有人以为，弘扬传统文化就要排外、复古。他们特别强调要清除来自"西方"的文化影响，坚决主张恢复我们古人倡导的治学方式，如以"国学"代替科学，以"经学"校正分科，等等。对于坚持马克思主义指导，他们也强调要"以儒解马"或"以道解马""以佛解马"等，总之是要"以古解马"，决不可"以西解马"。如果"以古解马"解不成，他们宁愿抛弃马克思主义。

与之对立的另一种意见，则主张：排外和复古是没有前途的，只有"西化"才能实现现代化。为了反驳前者并证明自己，他们突出强调：马克思主义也是来自西方的东西！所以要坚持马克思主义，就要坚持"以西解马"，继续追随西方思想理论的足迹。

这两种主张，看上去似乎是完全对立、水火不相容的。但它们在对待马克思主义的态度上，却有一点是完全一致的：都强调马克思主义是"西方"历史文化的产物。就像是说"老虎原来是猫科动物"，因此要把老虎当作猫来对待。

老虎也是猫科动物，从生物分类学上看一点也不错。在中国，甚至还有"猫是老虎的师父"这样的传说。难道这样一来，就可以把一切猫科动物，包括号称"山林之王"的老虎在内，都当作小猫来对待吗？这种说法是不是太不靠谱了？

马克思主义诞生于19世纪中叶的欧洲，是继承了人类文明成果的革命性创造。马克思思想理论的影响和地位，不仅是时代性的，如今也已经是世界性的了。对于西方来说，它也不是一只普通的"小猫"了，而是改变历史的"大老虎"了。无论拥护还是反对马克思主义的人，都不会否认这一点。当20世纪即将结束的时候，英国广播公司（BBC）在全球范围举行过一次"千年思想家"网上评选，结果马克思当选第一名。这是一个有力的证据，足可以证明，那些因为马克思主义原本产生于西方，就把它当作仅限于在西方生效，并且已经"过时"了的看法，是多么肤浅而近乎无知！

当然，马克思主义在实践中应用和发展的道路，不是一帆风顺的，它与中国国情相结合的过程，也不是一帆风顺的。中间经历的曲折和偏离，曾使社会主义事业付出了惨重的代价。正因为如此，关于什么是马克思主义和如何坚持马克思主义的争论，从来都没有停止过，从马、恩生前一直持续到现在。但历史表明，"在争论中实践，在实践中争论"，也许正是马克思主义生命力的表现，是它在世界上传播和验证的历史途径。因为，"马克思主义并未结束真理，而是为真理的发展开辟了道路"。

譬如在新中国成立后的六十多年里，对马克思主义的学习、理解、实践和探索，显然走过了很曲折的道路。既有过昔日的荒唐，也迎来了今日的辉煌。瞻前顾后，谁都知道，这是一个马克思主义中国化的深刻过程，也是中华民族独立探索自我振兴道路的过程。这个过程中的成与败、经验与教训，其实正是对"什么是马克思主义""什么是中国优秀传统文化"和"如何坚持马克思主义指导""怎样弘扬优秀传统"等宏大问题，做出的最切实有效的回答。当然，这些回答并非一次性的、终结性的，而是继续"在路上"。看不到这个过程和趋势，认不清这条线索的足迹和走向，就不会懂得应该到哪里去寻找用马克思主义指导弘扬优秀传统文化的答案，反而去"敲那敞开的门"，以为这里无路可走。

所以，对于上述无视马克思主义本身的生命力，以为借口"马克思主义也是来自西方的"，就可以用"以古解马"或"以西解马"来抵消它的两种偏向来说，事实上可以这样回答：

没看见老虎发威，你就当它是病猫？

（雷冠）

"大厦"与"脚手架"

　　巍峨的理论"大厦",在建造过程中离不开概念和逻辑的"脚手架"。但脚手架只是用在建构大厦的过程之中,只是手段,而非目的。因此脚手架可以随建随拆。最后拆光脚手架,留下大厦,才是建设者的目标和成果。但建筑施工的过程,自有其特别奥妙的技术和过程,大厦有大厦的结构、功能和逻辑;脚手架也有脚手架的结构、功能和逻辑,所以脚手架也不可忽视。

　　我们在阅读经典著作时,如果不能区分"大厦的结构和逻辑"与"脚手架的结构和逻辑",或者满眼都是脚手架,就可能看不见或看不懂一座大厦;或者眼里只见大厦辉煌,却不知道它是借助怎样的智慧和艰辛建立起来的,当然也就学不会建设大厦的本事。所以,弄懂"大厦"与"脚手架"的面貌和相互关系,是一项重要的学术功夫。

　　在学术经典中,有些"脚手架"是显形的,有些是隐形的。似乎越是早期的经典,其概念和逻辑的"脚手架"越是不大明显,如老子的《道德经》、孔子的《论语》,德谟克利特和苏格拉底的遗篇,等等。它们主要是记录和宣示重要的思想成果,如同展示"大厦"的房间和装潢，而并不注重搭建大厦的材料和方法，仿佛一切都是自然生长出来的。但是，随着批判思维的发展和实证规范的逐步推广，越是到后来，学术研究越注重概念的来源、论据和材料的充实，以及推理逻辑的自我证成。

从笛卡尔、康德和黑格尔开始，哲学著作中的"脚手架"就越来越显形化了。作者往往在阐述观点结论之前，先要说明得出这些观点的概念前提，展示自己的推理过程及其证明。边搭脚手架边盖楼，大厦始终在脚手架以内成型。这一方式，在那里似乎达到了极致。在《正义论》中，为了提出和论证正义的"两个原则"，作者提供了推导出这两个原则的前提要件，如"自然状态""无知之幕"等。它们尽管多是理想化的假设，但是对于罗尔斯来说，却是最重的概念"脚手架"。由于对这些概念的叙述十分突出，把他的核心思想大厦包得严严实实，结果几乎让人忘记了他试图改良自由主义"大厦"的意图。看看国内许多研究罗尔斯的文章，确有不少是未加批判地认同了这些假设，并对它反复咀嚼，像是把脚手架当成了大厦，而忽略了对大厦本身的探讨。

马克思的《资本论》却似乎一直存在着相反的情况。马克思那里，实际是在构建一个以他的哲学为灵魂的"人类解放大厦"。政治经济学的批判，是这个理论大厦的一项奠基工程。对于《资本论》这座独立的政治经济学"大厦"来说，马克思的哲学是其时隐时现的"脚手架"。由于《资本论》本身卷帙浩繁，内容新奇，思路缜密，相当宏伟壮丽，所以人们往往在这座大厦的"房间"和"内部装修"之间流连忘返，试图找到自己所需要的场景。人们有时宁愿为了其中一些具体的判断和理论细节争论不休，却很少关注它的脚手架预示着怎样的前景。结果是，只就经济政治来看他的政治经济学，这如同"捡了芝麻，丢了西瓜"，达不到马克思思想的整体高度。

那么，从读经典着手学习理论，究竟是看大厦，还是看脚手架？答曰："这要看你的需要和能力。"

就一般需要而言，当然要看大厦本身。因为那正是作者要呈现的东西，是作者经过百曲千回所达到的境界。但是，在读一些巨著，特别是读那些"边搭脚手架边盖楼"的原创巨著时，要能够透过脚手架的繁杂结构（援引、考证、界说、过渡、辩驳等），看清楚并理解思想者究竟意欲如何，不在中途被一些其实并不重要的话题节外生枝，达到对作品意图的"心领神会"，其实是很不容易的。这不仅需要下很大的功夫，而且要有极高的素养和能力。经验证明，少而又少的人能够达到这个读书境界，看见书中有"大厦"，但这往往是读书的真正收获和绝佳境界之所在。唯有达到这个境界，才不枉一番苦读。

就特殊需要而言，有些思想理论上的问题，是必须追溯到形成它们的过程和条件，才能弄清楚的，就像对大厦结构或质量感到某种疑问时，就不能不追溯到设计和施工的过程一样。对于专业研究者来说，就负有此类"弄清楚"的责任。所以，专业性的批判阅读，是将"大厦"和"脚手架"一起看、互相对照起来看的：用搭建什么样的脚手架，来理解建设什么样的大厦；用所建成大厦的质量和效能，来理解脚手架的性质和意义。

这套有较高难度的治学功夫，是真正学者必经的"精神炼狱"。

（曹融）

麦子、馒头与包子

　　网络上流传着一则《一碗红烧肉区分学士论文、硕士论文和博士论文》的帖子，形象地展示了三个层次学位论文的区别。其中，学士论文的第一章，要从红烧肉的定义和类型讲起；硕士论文的第一章，是关于猪肉做法的文献综述；博士论文，则要首先对历史食谱中猪肉食谱的文献综述、理论意义和现实价值、不足和问题进行考察，并以猪是怎样养成的为开篇。

　　这个帖子嘲弄了什么？它嘲弄的，其实不是"红烧肉"这个选题，而是对任何一种选题都通用的一种写法。所以应该说，这里嘲弄的，是一种体制化的、僵化的教条主义学风！它所描述的，实际是时下流行的论文写作规范和套路。很多学校和导师，在指导学位论文写作时，都是这样要求的。因此在很多地方可以看到，这套"写作规范"是很有效的。因为不符合规范的论文，一般难以通过，而我国每年都有大批学士、硕士、博士论文获得通过。

　　那么，这个套路是否合理，是否先进呢？看一看它为何成为嘲弄的对象，就可知道一二。

第一，作为一个学位论文的选题，"红烧肉"是可以不变的。学士、硕士、博士都可以做。年复一年，可以反复地、持续地加以研究。这当然不是问题。问题是，让学士、硕士、博士依次来做时，他们之间的层次要求，却是起点的依次前溯：学士写红烧肉的定义；硕士写猪肉的各种做法；博士则要写出猪的养成……三个学位论文之间学术层次的差别，只在于对红烧肉来历知识之广狭详略，学位论文因此成了仅仅拼凑、卖弄已有知识的形式而已。独立的思想和对人世的关切，则被放在了无足轻重的位置。

第二，按照这种要求，面对同一个选题，层次越高，写出来的文字就越长，而不是问题越深刻，思考越透彻，观点越有力。譬如要讲蒸馒头，学士只需从和面写起；硕士则要从采购面品和炊具写起；博士则需从种麦子写起。幸亏这还是蒸馒头，若是让博士写猪肉菜馅儿的包子，那么，他得把小麦、蔬菜、猪肉乃至炊具的来历都写一遍，那是怎样一个得了？于是，就有了"直径一公里的大包子"的典故：

有位博士研究生，向导师提交了自己学位论文的提纲。论文的主题是，探讨一个历来争论不休的学理问题。但是这位博士研究生按照上述的套路，从苏格拉底、柏拉图开始，把上下五千年都梳理了一遍，等于要重述一遍学术史。导师看后，不免感叹说："你这是要蒸出直径一公里的大包子呀，啃进去一百米，也还吃不到馅！"

动辄要蒸"直径一公里的大包子"，其实质是不以"问题"为中心，而以"知识"为中心，把学生培养成"复读机"那种教育模式的活生生的写照！

问题在于，如果不是为了凑齐规定的字数，那么越写越长的必要性何在？按照这样的套路，能够达到什么效果？

我们现在的教育体系中，对学位论文的要求有一个自相矛盾的现象：一方面高喊"创新"，要求无论是学士、硕士还是博士阶段，也无论是什么选题，都一定要有"创新点"，并且要把自我预设的"创新点"写进开题报告；另一方面，却又设置了一套"写作规范"的套路，对字数、格式，特别是"文献综述"怎样写，文后的"致谢"怎样写等，都有明确的规定，却唯独对怎样促进作者抓住问题，独立思考，学会怎样按内容构思论文的主体部分，没有任何启示。

其实，有好思想可以不拘于形式，写好文章不在于长短。有了足够的包子面和包子馅，也未必一定蒸出好的包子。从麦子到包子，都有可研究之处。问题在于，若既不提出自己的问题，也没有回答问题，只是堆砌知识和材料，却不做有针对性的思考，进行必要的选择和提炼，使之"顺理成章"，那么这样的文章，无论长短，都是很误人的。之所以会出现有"直径一公里的大包子"，是因为不懂得为什么要蒸包子，蒸出来给谁吃；不善于按照面、馅的情况和食者的口味去做，只会按照"规范"，把包子馅和饺子皮一股脑儿地裹起来交差。这样，即使文章有什么新意，包子中有什么新鲜料味儿，恐怕也很难共享了。

别逼着学生做这样的文章了！

（曹融）

平时多练"摔泥巴"

　　做学问贵在积累，这是每个做学问的人都知道的。但很多初学者以为，学术积累，就是通过阅读和听讲经典，来积累专业的知识、信息、观点、典故、线索，乃至前人的治学经验等。然而，这往往重视的是外向积累，却忽视了内向的自我积累，即对自己特别关注的问题、案例和感受的积累，对自己特有思路和风格的积累。这样循规蹈矩学出来的学者，往往堪称"饱学之士"，能够对系统知识如数家珍，却终归跳不出学术门派的死框框，难以做到独立思考、自由表达，最终形不成自己的学术和话语风格，也无法登上历史文化的高端。

　　人们经常抱怨学术界缺少"大家"，却很少注意大家是怎样养成的。正像罗马不是一天建成的一样，学术大家也不是一个晚上产生的。在他们做出显著成就之前，每个大家都曾默默无闻。他们之所以成为大家，不是因为天天想着出人头地，恰恰相反，是因为他们从不在意自己是否能够出人头地，而是一心想着怎样解决自己选中的"问题"。他们甚至连这个问题是否能算轰动世界的"大问题"，也许都不大在意。他们只知道，这是个有待提出和解决的"真问题"。他们提出和解决这个问题的意义，是事后才被大家了解和认可的。他们也因此成为大家。历史上令人景仰的思想大师们，绝大多数是这样成长起来的。

"渺小的人嫉妒别人的成功，高尚的人嫉妒别人的努力。"要培养我们自己的大家，不是要去追逐以往大家们的足迹，而是要学习他们的迈步。学术积累不是仅仅从经典中吸取现成的知识和结论，更要从中领会怎样捕捉和思考问题，这样才能"站在巨人的肩上"，而不是匍匐在他们的脚下。经学主义的治学方式，往往把经典变成教义，把思想变成教条，把学术变成学舌。那样的结果，当然只能是培养一代又一代的学匠，培养不出有独立创见的大手笔。

对于学者来说，学会捕捉和思考问题，是一个更深层的、更见功力的学术积累过程，一个养成独立思考、自由表达习惯的提升过程。所以，要从学会捕捉和思考问题开始积累。那么，怎样学会捕捉和思考问题？

显然，首先要随时保持"问题意识"。有效的问题，多半与生活和历史的情境有关。抓住问题，其实是走出书本、走向历史和现实的开始。不要放弃这个开始。无论阅读还是思考，都要知道你的面前有什么问题，而不是急于背诵和套用现成的话语。否则，第一步就迈不出去。

其次，找出自己的问题。自己的问题，往往闪现于自己不经意的疑惑之中：没看懂？没想到？觉得不够理想？似乎已无可争议了，为何还有争议？不知道如何处理……别看这些疑惑一闪而过，它们才是你自己的问题；别看这些问题很"小"，大问题总是通过小问题来显露其端倪。所以，不要放过"小"问题。

再次，在思考中澄清、扩展、提升问题。自己的问题是真问题还是假问题，是实问题还是虚问题，都要尽力在自己的思考和回答中得到分辨。把问题掰碎嚼烂，持续地追问，就可以澄清、扩展、提升问题。当你用尽自己平生所学，仍不能做出令自己信服的回答时，那么恭喜你，你找到了自己的"真问题""大问题"。

最后，把这样的问题和思考记录下来，或者表达出来，去寻找共鸣，看看别人是否也有同感，或哪里有更好的分析和回答。这样再继续下去，研究、思考……

对于涌现于心中的每个问题，无论是否有结果和有什么样的结果，都要尽力经过这样的过程。这就是你的深层学术积累。

这种积累，可以用雕塑家的"摔泥巴"来比喻。我们知道，世界上最有成就的雕塑大家，如米开朗基罗、罗丹等，在他们集中精力创作伟大作品之前，都没少花费精力去摔泥巴，即把作为原料的一坨坨生泥巴，一个一个地反复摔打和揉捏，使它们从生泥巴变成可以顺手使用的"熟泥巴"。在他们尚未形成作品的构思时，摔泥巴是他们的日常活动，边积累材料边思考创作；当他们有了新作品的完整构思，并用钢筋等搭建起骨架之后，这些熟泥巴立即派上了用场，它们被一块块地拼上去，再按照构图加以修整，一个有血有肉、饱满生动的作品就完成了。

对于学术而言，知识好比是水，来自生活的问题好比是土。把它们糅合在一起，一个个反复推敲思考，就像是"摔泥巴"。平时摔够了泥巴，届时你的作品就会如瓜熟蒂落般自然而然。

每个有志的青年学者，平时多练练"摔泥巴"吧！

（曹融）

蜣螂蚂蚁研究的意义

在文化浮躁、泡沫弥漫的时尚中，总有人对含辛茹苦、甘坐冷板凳的专家不甚理解，说："你研究那些偏僻冷怪的东西，有啥用？"

他们不知道，科学研究是人类有效地认识世界、改造世界必不可少的环节。科学研究负责弄清楚任何事物的真相、本质和规律，给人类提供可靠的知识。这些知识不论是否用得上，都是需要的。知识对人类来说，是只恨其少，不嫌其多，"宁肯备而无用，不可用而无备"的。

这里先举两则昆虫研究"拯救"世界的故事。

故事一，澳大利亚的广阔原野被改造成牧场后，因为过度放牧，牲口粪便到处都是，滋生病虫害，森林和草地被破坏，环境急剧恶化。作为一个以牧业为基础的国家，澳大利亚对此不能不重视。政府用了很多办法治理，但效果均不理想。情急之下，他们向全世界征求方案。最后采用了一位中国的昆虫学家的方案——引进蜣螂（俗名屎壳郎），因为蜣螂可以将牲口的粪便转化为天然肥料。于是澳大利亚从中国进口了一批蜣螂，很好地解决了问题。

故事二，20世纪80年代初，北京某衬衫厂为日本加工出口一批衬衫。货轮抵达日本港口后，日方海关开箱检验时，发现衬衫里有蚂蚁，认为产品质量不合格，提出退货。对于生产厂家来说，这笔生意可谓性命攸关。怎么办？厂家请到了一位专门研究蚂蚁的专家赶赴日本。经专家研究鉴定，船里的蚂蚁属于日本特有的品种，肯定不是从中国带来的……于是日商不得不服，交易顺利完成。

"蟑螂学""蚂蚁学"，看上去都是很细微、生僻的科研领域。关于它们的专业知识能够派上这样的用场，显示出如此巨大的价值，显然是得到了千载难逢的机会。但是，"机遇只偏爱有准备的头脑"。若没有世代学人坚持不懈的研究和积累，即便事情再怎么重大紧急，也不会有这样的知识来"救场"。那些献身于科学研究的专家们，有幸在自己的有生之年得到这样机会的、见到这样效果的，其实是凤毛麟角。但他们对人类的责任，却丝毫不会因此而减弱。

昆虫学、生物学、自然科学和社会科学……一切探索构建人类知识的工作，都具有这样的性质和意义。因为我们所处的周遭世界，都是我们的对象世界。从我们自己，包括我们的精神现象，到自然界的一切，都是我们与之打交道的对象，因此也应该成为我们研究的对象。关于对象世界的任何知识，都有其价值，只是有什么价值，怎样实现其价值，取决于人类的实践。从知识到实践，本身也是个复杂的过程。而"为科学而科学"，追求科学知识的纯粹和真实，其实是"为人类而研究"。所谓"科学无禁区"，是说在科学面前，问题永远不在于"研究什么"（只要是客观存在的，都值得研究），而在于"怎样研究，研究出了什么"。

知识的价值在于填补无知。因此，知识价值不等于功利价值，尤其不等于当下的、直接的功利价值。我们如果仅仅为了一时的短期效益，那么对世界的认识必然是肤浅的、片面的，急功近利的目的也不一定能达到，因为谁也说不准什么时候需要用什么知识。迷信"书中自有黄金屋，书中自有颜如玉"而去读书的人，追求的并不是知识，所以也很难得到多少知识，更不会创造新知识。做研究的和关心支持研究的人，都不能那样急功近利，鼠目寸光，而需要有人类命运共同体的大视野、大胸怀、大目标。

放眼现实，那些关于自然和社会的实证知识的命运，比起哲学来，其实还算好些。哲学界被人问得最多，也觉得最一言难尽的，是"你研究的那有啥用"。但是，如果你有了前面的感悟，就可以这样充满自信地回答对方的疑问：

你知道啥叫"有用无用"吗？

你理解的"有用"都指什么？譬如，让人活得明白，叫不叫"有用"？

蜣螂、蚂蚁的研究尚且有用，发展了两千多年的哲学一直无用，这可能吗？

……

最后可以告诉你：关于一切"有用无用"的思考，本身也属于哲学——一个新兴的哲学领域：价值哲学！

问"有用无用"之人就如同"鱼在水中不知水"，而哲学却能提醒鱼：你在水中！

（孙美堂）

少插旗子，多种树

　　这句话来自对多年前一场"绿化植树运动"的反思。20 世纪八九十年代，首都北京曾经发起大规模的绿化植树运动。其中的推广措施之一，是在京各机关单位分别认领一块土地，即"绿化基地"。在自上而下的行政动员之下，各单位纷纷在自己的基地上插了旗子或立了牌子，建了围栏，表示要在这里搞绿化建设。此后多年过去了，现在看来，这种绿化方式的效果并不理想。原因是，不少单位拿到地以后，并未认真种树，而是把那块地盘挪作他用，变成了直接间接给自己谋福利的资本。于是，一件看起来用意很好的行动，就成了"只插（绿化）旗子，却不种树"的圈地行为。

　　今天提起这个情况，可以用来比喻思想文化界、学术界近些年出现的"文化圈地"现象，即那种只热心于标榜"主义""范式"之类的旗号，一味放言造势，关起门来自己坐大，只顾营造话语氛围，却不认真研究和回答任何实际问题的现象。

　　"文化圈地"并不是平等的百家争鸣，而是各种人倚仗自己的权势、金钱或其他背景资源，盘踞公共话语的空间时间，裂土自封，占山为王，党同伐异。他们只准说自己的，不许说别人的，动辄对不同意见群起而攻之。不同门派之间彼此争风斗气，大打口水仗，甚至谩骂动手，街头约架。这种圈地做派，尽管常常自诩代表真理和正义，却并没有展现出追求真理、捍卫正义的风格和气度，也看不出对国家社会负责的诚意。这种学风和文风导致学术群体撕裂，舆论氛围紧张，无法深入讨论问题。这就已经不是学派的繁荣了，而是走向宗派主义的恶斗了。

鉴于这种人为思想混乱的危害，怎样才能既制止思想文化领域里的"圈地"行为，又保持"百花齐放，百家争鸣"的学术格局，以促进我们的文化繁荣呢？可以提供给学者和学界同仁们的一个建议，就是"少插旗子，多种树"！

"少插旗子，多种树"的主要意思是，不要只是在你的绿化基地上喊口号，做文章，而要实实在在地种出树来；不要只顾标榜"这是我的'绿化基地'""这是我家专用领地""此乃××之门户，他人非请莫入"……而要踏踏实实地提出问题，切切实实地分析问题，实事求是地回答问题、解决问题。总之就是要有问题意识和实干精神，不要虚张声势。

一个真心要为"绿化"社会文化作贡献的学者，就会不唯上，不唯书，不崇洋，不媚俗，不图名，不逐利，一心只为捕捉现实中的重要问题，殚精竭虑，不拘成见，细心地分辨其中的道理，执着地探寻合理的答案，并结合实践不断地检验和深化自己的研究。犹如辛勤的种树者，关注每一颗思想的种子成活、发芽、生长、开花、结果，并不在意地盘的阔狭、名声的强弱和色彩的明暗等。

在思想文化领域里，"主义"就是"旗子"。即使你插满了"绿化主义"的旗子，却不见那里长出树来，旗子也会成为笑柄。那种"只见旗帜飘扬，不见树苗出土"的心态和言行，实际上只是一些人的游戏，他们热心的是占领话语的地盘，并不关心解决真正的实际问题，属于"空谈误国"。

"少插旗子"并不是不要旗子或没有旗子。在今天的中国，属于全党全国的公共"旗子"，即"主义"，应该说是已经有了一个，就是"中国特色社会主义"，或中华民族复兴的"中国梦"。所谓中国特色社会主义，简单地说，就是在中国的土地上，由我们中国人，按照中国的实际建设起来的社会主义。这个旗子不是在嘴上，应该在心里，它是要用几代人的拼搏来实现的，不是为了时时拿出来作装饰用的。如果你的心中真有这个旗子，那么就不仅无须再标榜别的旗帜，而且也不必整天喊口号。我们完全可以用事实说话，从我国实际出发，从理论上凝聚、提升改革开放以来的经验教训，用新型的社会主义民主法治使之在实践中成熟定型，然后以此来告诉世界：什么是中国特色社会主义，它的特点和优越性在哪里。所以说，任何真正的事业，都不在于口号，不在于标榜，而在于脚踏实地的实践。

当你的土地上绿树成荫、果实累累的时候，你的"绿化"旗子自然会分外鲜明！

（木卫一）

定于一尊练"国拳"

打造中国特色的哲学社会科学，能够找到一种现成的程序和模式，只要照着它去实行，便可"毕其功于一役"吗？

这让人想起了"中国功夫"的命运。

"中国功夫"名扬天下。那么，说起"中国功夫"，它究竟是怎样的动作套路，它有怎样的修炼和使用模式，却是很难一言以蔽之的。就拿中国拳术来说，它只是一个泛泛的、笼统的概念。中国拳术实际上有无数的拳种，如武当拳、少林拳、峨眉拳、洪拳、太极拳、八卦拳、形意拳、醉拳……有很多的分类，如偏重攻击的外家拳和偏重防御的内家拳，流传于长江以南的南拳和流行于黄河流域及以北的北拳，以及架式小、动作紧凑的短拳和架式大、动作舒展的长拳，等等。这么多的种类路数，个个都有自己的风格和特色，也个个都有自己的长处和短处。

俗话说："文无第一，武无第二。""武无第二"是指每场决赛下来，都只有胜者才流传，失败者没有名次。但千百年来，究竟谁家武功"第一"？实际上，除了自家宣称以外，没有任何固定的门派能够一家独大，垄断金牌，而是随着时移事易，不断涌现新的高手、高招。武林总是"天外有天""强中更有强中手"，总有新的高手出现，凭借创新出来的新套路和"一招鲜"，出奇制胜。

作家冯骥才的小说《神鞭》，说的就是这样的故事：卖豆腐的傻二，看上去老实巴交、憨里憨厚，其实功夫了得。而他所使用的武器，竟然是自己背后那根粗粗的辫子。那条辫子被傻二使得挥洒自如，随心所欲，既刚猛又轻柔，既灵巧又恢宏，犹如神助，打得市井无赖和津门众多高手乃至"武林领袖"都一败涂地。虽说傻二自称他的辫子功出自少林功夫，但少林门何时有了辫子功，唯有傻二才知道。那么傻二能够代表少林门称霸天下么？恐怕连他自己都不会这么想。

事实上，中华武术的繁荣兴旺，就是由各门派不断地坚持各自的传承和创新，在"百花齐放，百家争鸣"的竞争中，不断地创造出来、推动起来的。

但会不会有人突发奇想：这么多门派的拳术，既然都叫中国功夫，能不能把它们集中起来，搞出一套最能体现中国精神的、统一标准化的、最厉害的中国拳术——"国拳"来？为此，不妨把少林、武当、峨眉、太极、八卦、形意等天下名拳的掌门人都召集起来，让他们齐聚一堂，各自奉献本门派的精华，然后按照一套规则糅合成一体，形成一个新的套路。有了这个套路，风格各异的各个门派也就可以消失了。人们无论在哪里，将来看到和学到的，都是同一标准的"国拳"。这样不更好吗？

这番奇想并不完全是空穴来风。在中国武术界，20 世纪五六十年代就曾做过尝试。但那时还只是试图将长拳类加以统一和规范化，尚未涉及全部武术门类。当时由体委有关部门牵头，请专家共同研制了国家级长拳套路。要求比赛时演示"规定套路"和"自选套路"，这样才好评分。但结果却是，"国制长拳"也成了诸多门派中的一家，并未能代替少林武当等民间功夫。武林也依然保持了多元竞相发展的格局。个中的原由和道理，外行人看来也许费解，但业内人士却心知肚明。因为，武术的意义，并非都是可以用比赛打分来衡量的。

这涉及对文化的本质和规律的一个理解。武术和学术，一个在身体，一个在精神，但有相似之处，二者都属于文化；二者的存在和运行，也有大体相同的机理。简言之，文化像是春天的大地，只有百花盛开，才能构成它的繁荣。相反，如果只有一两个品种的花朵开放，譬如严冬的梅花，那么可能意味着文化如严冬一般萧瑟。

对文化的这一理解，更适用于学术。如今，有人将"研制国拳"的奇想，用到学术文化，首先是哲学社会科学领域里。比如在哲学上，他们希望集国内哲学界的各家领军人物，一起研制"学术国拳"，编写出集各家之长、最能代表国家水平的、最权威的哲学教材体系，然后用它来统一全国的哲学教学。就像是按照"中华美食的统一标准"，废止"八大菜系"，只留"满汉全席"一样。这样的尝试，肯定是前所未有的。那么，这是不是显得很外行？结果将如何？

（鹿林）

别让母鸡生炒鸡蛋

钱钟书先生曾做过一个有趣的比喻。当有一位读过钱先生作品的女粉丝找来，迫切要求见作者本人一面的时候，钱先生说："如果你吃了一个鸡蛋，觉得还不错，就一定要见见那只生蛋的母鸡么?"这显示了钱先生一贯"高调治学，低调做人"的品格，还有那高妙的幽默风趣。

我们借用这个比喻，以"母鸡"代表科学研究者和文艺创作者，以"鸡蛋"代表其成果和作品，来说一说精神产品的生产、传播和消费问题。

现代社会的精神生活，越来越倚重于三大环节的繁荣和互动。

一是精神生产，即原创型的研究和创作。这个环节主要是探究、构建、产生新的思想理念、思想方法和思想境界。这个环节好比是"母鸡生蛋"。产品主要是各门学科的理论成果或文学艺术形象。

二是文化传播，即将上述一定成果变成日常生活中可以理解和执行的东西，传递给社会各界和大众。这个环节主要由宣传、教育和展演的机构和媒体来担当。这个环节好比是"炒菜",把鸡蛋和其他菜、肉等综合起来,加工成一份份肴馔。

三是精神消费,即民众接受并享用上述成果的过程。消费者将以自己的收获和感受作为评价,反馈于前两个环节,推动研究创作,调节宣传教育。这个环节,就像是进餐或品食了。

精神生活、思想文化的健康发展,离不开这三个环节之间的均衡、互补和良性互动。如果某一环节发生畸变,就会对社会文化发展不利:如果精神生产衰竭,那么必然带来精神生活的贫乏;如果文化传播梗阻,那么必然带来精神生活的停滞;如果精神消费畸形,那么必然造成精神文化的变态。它们的共同结果是,出现文化"沙漠化",使精神文明退化。

那么,现实中有没有这样的危险呢?看看我们四周的某些现象,不能说完全没有。单说目前精神生产环节的境遇,就有不少值得担心的情况。其中最值得注意的,是轻视和违背精神生产的规律,以急功近利的态度,去诱导、苛求甚至强迫原创环节,让无论什么内容的科学研究和文艺创作,都要立即、直接地服从、迁就当下的需要,产生即时"有用"的效果。否则,便认为是"脱离实际""不关心现实""偏离方向""空洞、抽象、乏味、无用、有害"……一言以蔽之,就是"嫌母鸡不生炒鸡蛋(或煮鸡蛋、鸡蛋羹等)"!

在精神消费领域里,读者和观众不关心作品提出和回答了什么问题,更无意于加入相应的观察和思考,只是一味要求作品提供合我口味的、刺激性的、能够"解渴"的"爆料"或表情。于是,各类"八卦"和"鸡汤"泛滥起来,娱乐明星成了文化形象的代表,网络红人成了民意的领袖。而多年潜心研究，在自己领域提供认真负责建言的专家学者，则因其话语烦琐、不事煽情，不仅其声音往往被淹没，而且其人也备受冷落、鄙视和嘲弄。

在文化传播领域里，情况更严重。因为掌管传播渠道的，总是有权或有钱的人。他们更有办法让媒体只说要它说的话，只说对他们有利的话。比如，商人多半希望言论都起到广告他家的作用，否则是不情愿出钱的；官员则要求一定要有官方发布的口号，或者至少不能违背之，才肯放行；传媒界在夹缝中生存，有时不得不以"大众口味"为导向，选择"要么赚钱，要么获奖"，包括能够提高"发行量""上座率""点击率""转载率""引用率"的作品。至于多年苦心研究的成果，则因其专业性强，用户面小，而被束之高阁。如要面世，须得有权、钱或名人来保驾，或者自掏腰包，提供"补贴"才行。总之，精神生产的成果要进入传播领域，前提还是"这只母鸡能否为我生下炒鸡蛋"。

要求母鸡生炒鸡蛋，有一显一隐两大危害。

明显的危害是，完全违背精神生产的客观规律，扼制了精神生产的活力。母鸡生蛋，前提是要肚子里有，这样到一定时候才能生出来，而且生下来的只能是鸡蛋的样子。这个过程不依人和鸡的主观意志为转移。如果希望母鸡能够随时随地按照指令的节奏和样式生蛋，那是错把母鸡当成"人工制蛋机"了。世界上如果有这样的机器，那么它生出来的，恐怕也多半是"假蛋"。对科学研究来说，更是如此。

隐蔽的危害是，完全否定或者说推卸了"炒菜厨师"的责任，即宣传、传播、教育环节自身的责任。原创型的文化成果，往往像鸡蛋一样，本身虽然结构齐全、样式确定，但说到它的"用处"，却又形成各种不同价值，包括满足各种口味的可能。炒菜时可炒，可煮，可煎，全在厨师怎样加工它。而"炒菜"本身也是一套"再生产"的专门本事。如此说来，那种让母鸡直接生炒鸡蛋的想法，不仅可能出自最懒惰"厨师"的笨脑筋，甚至可能还含有要"毁掉厨师这一行"的糟糕意图！

最能证明其危害的是，投机取巧、弄虚作假之风盛行。假如有顶着头衔的"专家学者"跑出来宣称"我这只母鸡，专会生你要的炒鸡蛋或各种熟蛋"，那就要小心了，因为他多半不是真正的母鸡。如果不是一个骗子或投机家，那他一定还有别的背景——比如他背后有一套鸡蛋加工生产线，他是来替人推销的！

如果你急于从母鸡那里得到炒鸡蛋，那么就会招来这样的母鸡骗子。

（尹岩）

吃牛肉不会变成牛

　　牛比人身大、体壮，所以"吃牛肉可以壮力"是绝大多数人认可的一个营养学常识。至于是不是一定比吃猪羊鸡鱼的肉更壮力，却不会构成一个争论的焦点。因为大家反正都是一样对待的，有啥吃啥，想咋吃咋吃。至于爱吃牛肉是否就要变成牛，更没有人会把它当成一个值得一提的问题。

　　但是，到了文化上，却出现了这样的问题：你学习、吸收了人家的东西，是否就要长得像人家一样？比如，鲁迅在《帮忙文学与帮闲文学》一文中，就曾遇到过这样的责难："仿佛我吃了牛肉就要变成牛似的。"——这是他批评一些人的文化保守主义时，所描述出来的一种僵化心态。

　　文化保守主义和文化虚无主义，是人们在面对本土文化与异域文化冲突时，常常出现的两种极端心态。特别是当异域文化强势袭来时，文化保守主义者往往表现出"亡国灭种"遗老式的忧虑，生怕吸收了外来文化，便会"国将不国，人将非己"；而文化虚无主义者们，则如小买办一般如获至宝、得意忘形：既然人家比我们强，我们就应该俯首帖耳、亦步亦趋，这叫"从善如流"！

这两者的姿态，用前面吃牛肉的比喻来说就是：一个主张"不可吃牛肉，否则会变成牛"；另一个强调"既吃了牛肉，就要变得像牛"。两者看似截然相反、针锋相对，其实却是两极相通，他们都相信吃牛肉就能变成牛！

有人会说："这样的比喻不确切，文化不是牛肉。"当然，比喻只是比喻。但如果把一种文化比作羊，另一种文化比作牛，那么把羊吸收牛的成分看作是吃牛肉，也未尝不可。关键是在文化上要有一种平等的尺度。而这里讨论的主要是，如果羊吃了牛肉，羊就能够或者应该变成牛吗？正如在文化上学习、借鉴、吸收了别人的东西，是否就能够并且应该变得和他一样？

文化保守主义和文化虚无主义两种极端之间，在这一点上之所以相通、一致，是因为它们实际并不理解什么叫"吃"东西，而是把学习、借鉴、吸收别人的东西，当作了"随"。

"吃"的要义，一是有选择地获取对象，放进嘴里；二是要咀嚼，即切割分解食物，使其能够进入胃肠；三是消化吸收，使其能够成为血液中可以输送的成分，即实现向"我体"同化的转化；四是排泄，将不需要也不能吸收的东西排出体外……这样一个连续的过程，完成的是将对象从"异己"转化成"为己"的过程，而不是让异己占据自己的过程。可见无论吃什么，只要是真正在"吃"，都不会产生"吃啥成啥"的结果。如果由于自己的身体器官不健全，不得力，吃的效果很差，至多也只会消化不良，形成浪费而已。所以说，害怕或企图吃了牛肉就变成牛的人，其实是不懂吃、不会吃的人。在文化上，他们不懂什么是"学习"和"借鉴"，不会吸收转化外来的东西，把这一切都当作了"追随"。

古人云："行成于思而毁于随。""思"，其实就是精神上的"吃"。你把有关的事实、信息、资料和"问题"一起吃进脑子里，将它们消化加工，转化成自己的理解和应答，并排除无用的因素和各种疑虑，产生了指导自己言行的想法和结论，这就是一个"思"的过程。

相反，如果你的脑子里被塞满了各种各样的现成概念、话语、结论，并且它们个个都是不加批判的、无法消解转化的，像军队里的"死命令"一样，让你必须执行，而不得有任何怀疑和异议，那么你的感觉，当然就只能是服从或者跟随了。万一这些东西之间又互不相容，彼此打起架来，还会使你陷入"不知所从"的混沌深渊……这就是精神上"随"的后果。

如果真的学会了"吃"和"思"，你还害怕或者奢望，通过学习或借鉴，人就会变成别人吗？

（苗光磊）

吃奶与叫娘——关于"猫论"

"猫论"是不是实用主义？怎样区别注重实效与实用主义？

马克思说，"共产主义的博爱则径直是现实的和直接追求实效的"[1]，这是从思想方法和工作作风方面规定了科学的社会主义和共产主义所具有的基本风格。也就是说，注重实效的务实精神，从来就是马克思主义的一种基本风格和基本精神。

马克思主义注重实效的务实精神，具有极其深刻的思想内容和实践要求，它是来自马克思主义的历史观和价值观的必然结论。务实精神的核心，在于"端正目的，放开手段，并不断优化手段，为达到目的服务"。对于我们干社会主义来说，就是要坚定不移地、始终一贯地践行"一切从实际出发，实事求是"的原则，一切以符合人民的利益、有利于最终实现社会主义共产主义为标准，充分解放思想，敢于和善于调动一切积极因素，来为我们的事业服务。显

---

[1] 《马克思恩格斯文集》第1卷，人民出版社2009年12月版，第187页。

然，这是一种干大事业，有远见卓识、大气魄、大手笔的精神状态。建设中国特色社会主义，是一项前所未有的大事业，就需要有这样的远见卓识、大气魄、大手笔。如果没有这种精神，就不能算是一个真正的、高水平的马克思主义者。

正因为如此，邓小平敢于用民间格言——"黑猫白猫，捉住老鼠才是好猫"来比喻干社会主义的务实精神，即要正确处理目的（捉老鼠）与手段（选猫）的关系，就是要解放思想，实事求是，追求实效；他后来又进一步归纳出"三个有利于"，把它们当作衡量我们各项工作的价值标准；等等。这些正是对马克思主义务实精神的忠实贯彻和创造性发展。我们在学习和贯彻邓小平理论时，绝不应该忽视对这一精神财富的继承和发扬。

但是，有人并不这样理解。他们总是觉得，过于强调务实和注重实效，就容易助长急功近利的不良倾向，或者就有了可以放手急功近利的理由。有的人干脆直接质疑：用"有利不利"作为标准，在哲学上是不是实用主义？

弄清马克思主义注重实效的务实精神与实用主义的界限，无论在理论上还是实践上，都非常必要。而事实上这也并不困难。因为马克思主义从来都是主张理论联系实际的。结合实际来分析问题，答案就不难找到。

为了避免过多的理论术语，也为了节省篇幅，不妨用一个比喻来讲道理。

什么是实用主义？简单说，它是一种用价值（实效）来否定真理（即客观存在）的唯心主义观点。其代表性言论就是有名的"有用即是真理"。这句话的模式可以比喻为"有奶便是娘"——用一种价值功能、效用（有奶水吃）来代替事物的客观本质（母子间的血缘和家庭关系），其错误和荒谬已不言而喻。

但在批判和否定实用主义错误的时候，我们不能忘记自己过去犯过的另一个与"左"的路线相联系，同样荒谬，并且事实上时间更长、影响更深的错误——极端教条主义。教条主义那里曾经喊出"宁要……不要……"之类的口号，看似与实用主义相反，然而它所表现来的却仍然是同实用主义一样的思维方式，即混淆了价值与事实的界限，颠倒了目的与手段的关系。它同样以为"吃奶＝叫娘"，只不过采取了相反的态度："娘若无奶水，孩子便饿着。"这种片面化思维给我们国家和民族带来的灾难，是不应该忘记的。

实事求是的务实精神，同上述两种主义有根本的区别。它是在坚持目的的前提下放开手段，在追求真理的方向中注重实效，在保持原则坚定性的基础上把握策略的灵活性。只要是符合"三个有利于"的，能够用来发展壮大我们自己事业的手段，都可以采用。即使是资本主义曾经用过的，也可以让它今天为社会主义服务。——这种思路和态度，可以比作"有奶可以吃，娘仍是娘"，娘没有奶水时，可以请奶娘，或给孩子吃牛奶、羊奶，等等。人类实际上已经这样做了多年，且并未发生过上面那两种偏差和困惑。可见，真正的"实事求是"并不神秘，也不难做到。

当然，在现实生活中，情况也许并不都如此简单明白。但综观人类的历史，基本的道理就是如此！懂得这个基本的道理，并善于结合实际去掌握它、运用它，是马克思主义应有的科学精神和工作艺术。我们既要走出教条主义的阴影，又要防止实用主义的误区，要做到这两点，就要特别重视对于自己工作中目的和手段意识的反思。

例如，多年的经验教训使我们懂得了，为了达到正当的目的，可以而且应该放开手段，选择其最优者而用之，不受任何陈规偏见的束缚。用四川民间的格言来说，这就是"猫论"。"猫论"是大白话，不是理论表述，但它体现了人民群众的一种实践智慧，就是懂得让手段为目的服务，让目的通过手段得到落实。谁都懂得，在出现了闹"鼠患"的情况下，只有头脑不清醒的人才会说："不管捉不捉鼠，唯有白猫才是好猫。"因为这如果不是出于另一场合下的标准，即只对宠物猫、观赏猫有兴趣，而是把这种兴趣用来指导治理"鼠患"，那岂不是南辕北辙、苛求责备，甚至有"为鼠作伥"之嫌？

从理论上说，"猫论"是一种价值思维和选择的方式，它体现了务实精神，具有合理性，是具有一定普遍性的行动模式。用"猫论"做什么？搞经济、搞政治、搞文化等。内容可以不同，但方式是一样的。

"猫论"的方式，好人坏人都能用，做好事做坏事也都能用。而我们是要用它做好事，就是为人民，就是建设中国特色社会主义，就是以"三个有利于"为标准，来充分调动和发挥一切积极因素。这就是说，我们认清了自己的目的，并坚信它是正确的，能够实现的，那么就可以讲"猫论"。

那么，注重实效是否意味着可以片面地急功近利，不择手段，不讲道德，不讲原则呢？许多人不愿或不敢正视"猫论"，其顾虑往往在此。然而，讲"猫论"是不是一定就要不讲良心，不讲道德，不讲原则呢？其实未必。这里的关键在目的而不在手段。如果目的本身就是不讲良心、不讲道德、不讲原则的，那么手段自然就会不顾一切。如果目的本身是真善美的，是为人民和国家谋利的，那么不讲良心、不讲道德、不讲原则、假恶丑和不计成本的手段，就首先会同目的相冲突。"目的决定手段，检验手段。"根据这一原理，正确的目的就会出来说话，制止或抛弃那个不恰当的手段。

譬如，医者的目的真的是为了治病救人，而不是打着"治病救人"的招牌去骗钱，那么还会用假药去坑人吗？再如，有些人口口声声说为了"发展生产力"而乱砍滥伐，造成生态破坏等，而这种行为体现的是根本不为国家人民和子孙后代着想，目的只是为自己的眼前利益。这样的人，你向他批评"猫论"，他不但不会听，还会暗地里笑你迂腐。可见，光就手段来说手段，单纯指责做法本身，是不能解决根本问题的。

"猫论"的真正重点，在"捉鼠"即"目的"上。目的究竟是什么？比如，搞经济是为了什么？"为了发展生产力。"那么究竟什么才叫发展生产力？仅仅是盲目扩大生产规模，或者捞钱、搞形式、捞"政绩"吗？发展生产力又是为了什么……这一切一定要想清楚。不清楚这些根本点，恰恰是不少思想混乱的原因之一。

另外，目的不等于动机。我们过去做过许多错事，如"大跃进""人民公社""文化大革命"等，也许其动机本身并不是坏的，但是它不科学。那时人们的动机未必都不高尚，很多手段也是极富牺牲精神的。但是由于动机和目标本身脱离了实际，反而手段越是高尚，结果越糟。在不科学的目的下也能做很多错事，甚至是大错事。比如现在，有些人不纯粹是为了自己，而是为了大家，去搞某项工作，搞经济建设。但他们对经济建设的理解却非常肤浅、非常狭隘，以为就是"完成指标"，或者就是"捞钱"；胸中既无全局，又无长远。这样做起事来，难免挖肉补疮，饥不择食。对待这样的同志，只是一味地指责他的手段不当、方法不对，而不是去启发他从战略目标上想清楚问题，这样的批评教育要么维持不了多久，要么使他从此束手束脚，难以真正奏效。

总之，科学地理解和执行实事求是的务实精神，意味着要在解放思想的基础上，首先注意"端正目的"，其次充分"放开手段"，最后还要力争"优化手段"。这就要求我们在社会主义事业的发展上，保持最高度的目标原则坚定性和最大限度的策略手段灵活性，在实践中不断摸索创造。这绝不是实用主义，而是马克思主义的实践唯物主义，是对人民和历史负责的科学社会主义。

（宋晨翔）

十字路口往哪走

人生道路上常常面临各种各样的选择，你有你的阳关道，他有他的独木桥。别人的良药也许是你的苦酒。强求一致，勉为其难，结果往往适得其反。所以，在价值选择和价值追求上，要实事求是地面对和承认多元化，坚持主体性。

早年，有首歌叫作《驿动的心》，其中有句歌词是："曾经以为我的家是一张张的票根，撕开后展开旅程，投入另外一个陌生。"正如歌里唱的那样，我们每个人各有不同的路途、不同的选择和承受。就像十字路口往东南西北走的人都有，也许偶尔会有交会时互放的光亮，即使如此，你也没有权利规定大家只走某一条路，你也不可能要求所有的人都只走哪一条路。

马克思写作《资本论》，所依据的是 1775~1825 年英国工业革命 50 年的样本，1825 年英国发生世界上第一次生产过剩危机。所以在这个阶段马克思的理论分析其实有很明确的目标，即回答工业化国家如何避免生产过剩危机的问题。这个阶段也奠定了马克思论证社会主义从空想到科学的经济基础，即生产力的无限增长和有效需求之间的矛盾。如果缺乏这样的经济形态和矛盾聚焦的样本，马克思的叙述也许就很难超越空想社会主义。

但同样是50年工业革命的样本，西方经济学有完全不同的解释逻辑，出现了两个代表人物：一个是李嘉图，另一个是萨伊。他们并不想改变资本主义这个制度，而是去论证制度内部的问题以及应对经济危机的办法。他们认为制度内部的问题是供给和需求发生矛盾。于是，李嘉图从需求论上面给出了一个解决方案——国际贸易。既然英国本身生产过剩了，产生危机了，那可以把英国的羊毛和毛织品销到国外去。于是他提出了比较竞争优势的理论。李嘉图的本意很好，他也可能是谦谦君子，但是我们从历史选择的实际效应来看，他为日后的鸦片战争，为英国建立世界殖民地，提供了一个理论基础。另一个经济学家萨伊提出"萨伊三定律"，总的结论是供给创造需求。既然英国的供给过剩了，那就去创造新的供给和新的产品，不就解决问题了嘛。

不难发现，即使面对同样的问题和危机，马克思和李嘉图、萨伊的选择和追求也还是大相径庭。如果我们关注工业革命不同阶段马克思主义与西方经济学的应对之策，还可以发现，价值选择和价值追求的多元决不意味着同时可以朝不同的方向迈步，东南西北齐上阵。你只能按照自己的目标选择适合你的方向，坚定不移地走下去，走好属于你的这条路。不能因为有多种选择、多种参照就乱了阵脚，失去路标。

现实世界中往往有些人，老想别人走他规定的路，因此制造了很多限制、误区，乃至悲剧。苏联在20世纪30年代形成的以斯大林教科书为范本的辩证唯物主义和历史唯物主义体系，被称为马克思主义哲学的"传统模式"。由于当时苏联占据"老大哥"地位，一度是社会主义国家马克思主义理论的"正统代表"。用我们今天的网络话语来说，它是大牛、大Ｖ，总之是别人效仿追随的对象。所以，这个体系在我国曾长期被沿用，以至于不少人把它的内容和名称看作马克思主义哲学的"标准"，甚至是"唯一"的形态。

实际情况究竟如何呢？实事求是地观察历史，就会发现事情并非如此。自马克思、恩格斯创立马克思主义学说以来，在现实的思想和实践中，它的应用和发展并没有沿着苏联"规定"的那种模式走下去。同是来自马克思、恩格斯，在不同国家或不同时期的马克思主义可能表现出不同的风格和模式，产生不同的结果。至于何为标准、何为正统、何为唯一，并不像表面上看起来的那样简单，有待于长期历史实践的检验，而探索建立马克思主义哲学中国化的形态，从来就是中国马克思主义哲学理论和实践发展的内在要求。

改革开放40年的历程及理论提炼，特别是当代中国的马克思主义——中国特色的社会主义理论的形成和发展，使我们更有根据认为，现实中国的马克思主义理论和实践，已经突破或走出了苏联教科书的传统模式，并且正在形成一种有中国特色的、富有生命力的哲学新形态。

面对多元价值，坚持主体性，还意味着要防止那种看见别人往哪儿走就想往哪儿走的路径依赖和懒汉做法，一时一地确实省心省力，也避免了选择的困境，但最终会导致没有自己的路可走，自己也不知道该走什么路。

（牛婷婷）

小孩的屁股有"可打性"

有些人写文章做学问，喜欢动不动就给对象加上一个"性"字，以表示对它的功能和特性的高度概括。比如说，食物有"可食性"，服装有"可穿性"，书刊有"可读性"，工具有"可用性"……它们有时作为描述词，有时作为价值（规范）词，其实并不恰当。但这些用词流传已久，大家也都心领神会，所以很少引起怀疑。直到关于国家搞现代化，有了"现代性"一说，才开始引起了我们对学术话语中的"性滥"问题的重视和反思。

在中文里，"性"通常是指"属性"，即由事物本质所决定的内在特质。事物的属性与事物同在，是固定不变的。属性可以在事物与他物的关系中表现出来，但不会因关系而产生、消失或改变。就像葡萄无论怎样加工，终归是葡萄的成分和味道，不会是苹果的一样。说事物有"××性"，就是说这是它固定不变的特性。但属性不是价值；价值是关系，不是属性。事物的价值因人而异，不是固定不变的。我们语言中对属性的叙述，一般属于"描述"；而关于价值的判断，则属于"评价"。学会区分和分析描述与评价，是一种基本的哲学和文化素养。

像"可××性"这种叙述，从句式上看属于描述性判断，意思是说"××是事物固有的属性"。那么，上面提到的几种"可××性"，真的是事物固定不变的属性吗？如果是属性，那么就意味着，无论对谁来说，它们都是"可食""可穿""可读""可用"的，并不因人而异。这可能吗？

如果作为价值（规范）词，那么只需说"可食""可穿""可读""可用"等即可。无端地加上一个"性"字，不但是画蛇添足，成了累赘，而且还会产生严重的误导，所以说它有点"性滥"，也并不冤枉。

举个例子，看看"可读"是不是一种"性"。记得"文革"刚结束时，大家都渴望学习。商务印书馆的"汉译世界名著"一时供不应求。某天，有位时尚青年迫不及待地抢购了一套黑格尔的《美学》。他坐在台阶上翻看起来，不一会儿却怒冲冲地把书一丢："什么破美学？一点有用的也没讲！"原来，他以为美学是研究装潢设计、穿着打扮之美的学问。可见，即便是被许多人认为"可读性强"的名著，在另一些人那里，也可能是"可读性不强"，甚至是有"不可读性"的！

显然，"可读不可读"是作品与读者的关系状况，因读者而异，并不是作品固有的属性。其他评价词也是如此。但人们往往不注意，却把评价词当成了描述词，把某种意愿和态度当成了事实和知识。这就必然陷入错觉和混乱。

这里涉及一个深刻的思想方法问题，就是如何看待事物的属性和它的价值。为了说明这里思想方法上的差别，我们不妨引入一个比喻式的问题：小孩的屁股是否具有"可打性"？

若按照传统的"实体—属性"思维，便会认为小孩的屁股确实具有"可打性"。因为屁股的属性，是肉厚，不很怕打。教训熊孩子时，打臀部比打脸和其他部位合适，既能起到惩戒的作用，又不易伤害小孩身体……这样理解的"可打性"，听上去似乎有点道理，实际上却忘记了一个根本问题：小孩的屁股，真的是生来就要挨打的，并且无论谁来打都一样的么？

且不说，肯定会有很多人指出，采取暴力手段体罚孩子，本身就是错的，打哪里都不对！退一步说，现实中如果真的需要打孩子屁股，那么是否任何人都可以去打呢？显然也不是的，要看是谁打。现实的原则是，只有作为孩子监护人的父母等家长，才有权去打或不打。任何其他人，要想去打人家的孩子，你试试看？这就告诉你，人家小孩的屁股，对你来说，具有绝对的"不可打性"！

可见，"可不可打"绝不是小孩屁股的属性，而是人与人社会关系的规定。

近年来被炒得很热的"现代性"一词，也有同样的问题："现代性"究竟是一个描述性、知识性的概念，还是一个价值规范性的概念？原本有"现代""现时代""现代化"等这些概念，其确切所指，大家都已耳熟能详，一向是按照具体的历史时段性来把握它的。每个国家的现代化，都是该国人民自主发展建设的历史性过程。没有哪国是按照预先设定的统一模式实现的。但是，有人从中提出一个"现代性"概念来，就使事情变得神秘复杂了。

这就像人的成长，原本有"青春期""更年期"等一样，并不难理解。但是，假如有人提出"青春性""更年性"来，我们该怎样理解呢？如果它们仅仅是对青春期、更年期特征的事后描述，那么可以说，这不过是一个重复性的空话、废话；如果在它的"性"字之中，设置了含有特定"标准和规范"的内容，意在告诉人们"只有具备某某属性，才是进入了青春期、更年期，否则不算"，或者"你只要遵循'现代性'概念的指示，就能解决现代化中的问题"，那么便有故弄玄虚、忽悠世人之嫌了。

所以，我们对概念的批判考察，要是能够从单一的"实体—属性"思维，前进到"关系"思维，就可以增加很多自觉，少受别人的忽悠。

（温泉）

笛子应该给谁

美国哈佛大学哲学家和经济学家阿马蒂亚·森在《正义的理念》一书中讲述了三个小孩争抢一支笛子的故事：

有一支精美的笛子，三个小孩都表示想要。那么，应该送给哪个孩子？第一个小孩说："我擅长吹笛子，只有我能用笛子吹出美妙的音乐。"第二个小孩说："我一直都梦想有一支笛子，但是家里非常穷苦，我从来都没有得到过一支笛子。"第三个小孩说："这支笛子，是我和父亲一起亲手做出来的，因此理应归我。"三个孩子说的都是事实，也都有一定道理。

笛子究竟应该属于谁？怎样分配才是正义的？

"正义"的本义，是指人们"得其应得"。这是一般的共识。那么，根据什么来判断某人是否应得以及应得多少呢？现实中的根据可谓五花八门、各种各样了。现实中的分歧，也就往往集中在这里。

例如，按照传统的功利和效用主义观念，会倾向于把笛子给第一个孩子，因为这样可以让笛子发挥最大的效用；

按照福利平等主义的观念，则会让第二个孩子拥有，因为这样才可以弥补贫富差距所造成的社会不公；

而按照个人自由主义的观念，遵循"谁制作就归谁所有"的原则，第三个孩子对笛子有继承权，笛子归他是天经地义的。

总之，三种主张似乎都有不可否认的理由。那么，到底应该怎样做才好，才符合"正义"？让我们来分析一下。这里其实有一个问题尚未言明，其规则也尚未统一，这就是笛子的所有权和分配权问题：谁应是分配主体，即拥有支配权的人。

前两种主张，以"笛子公有"为前提，因此怎样分配，要依据社会整体的尺度（效用或福利）进行。至于"效用优先"还是"平等优先"，要按当下社会的主导意愿执行，是可以再商讨的。

后一种个人自由主义，则是以"笛子私有"为前提，执行"产品的生产者即其所有者，享有对它的支配权"规则。在故事中，笛子是由第三个孩子的父亲和他一起亲手制作的。如果这一点确实，那么实际上也不应有争议了。

于是问题来了，既然笛子应归第三个孩子所有，那么能否说，这就是我们所要的"正义"？如果结果如此简单，那么上述讨论就没有什么意义了。其实问题恰恰在于，到这里并不是事情的"结果"，而正是讨论的开始。现实生活从来不会如此简单，也不会以这样的方式终结。

就这个故事而言，我们的讨论还没有涉及第三个孩子和他父亲为什么要制作笛子，他们是怎样打算的。我们关心的是，他既然享有自己的所有权和分配权，那么他怎样享用和担当这些权利，才是正义的。

在现实中，故事的前因后果可能是十分多样的：

如果是这个孩子自己想吹笛子，那么他制作了笛子并自己享用，就没有什么不正义，别人也无权干涉。

如果他与第一个孩子是好朋友，看到朋友有吹笛子的天赋，便亲手制作一个，打算送给朋友；或者他与第二个孩子是好朋友，看到朋友很想吹笛子却买不起，于是便亲手制作一个，打算相赠。后两种打算充满深情厚意，当然只能符合正义，而不能被责以非正义。

最后，如果他不是出于上述友情和正义，而是看到了笛子的商机，便开始生产尝试，希望自己的产品能够进入市场。那么他遵守市场规则，执行正当交易，也不能够说有什么不正义了。

说到底，"正义"源于人的合法权利与责任的统一，在于主体间的自由和平等。用主体权利与责任统一的观点看待正义，就要先弄清楚：谁是物质精神财富的主体；怎样分配，是谁的权利和责任。只有让主体担当起应有的权利与责任，其结果才可能走向正义。

（李霞）

你想"喝干大海"

在流传甚广的伊索寓言中，有这样一则故事。作为奴隶的伊索，以他的聪明机智帮助主人解决了许多难题。有一次，他的主人在跟人喝酒时打赌："我拿我的全部家产打赌，我可以把大海喝干！"并当场立下字据。主人酒醒后非常恐慌，焦急地向伊索求计。经再三哀求，伊索最后指点主人说："你可以去喝干大海，但条件是，让对方截止所有流进大海的江河，不能有一滴江河的水再进入！"于是，伊索的主人依计去交涉，终于保住了自己的家产。

其实，懂得江河与海洋关系的，何止是伊索。在《庄子·秋水》中，就有描写江河之神"河伯"第一次见到北海之神时的感受。他说："天下之水，莫大于海。万川归之，不知何时止而不盈；尾闾泄之，不知何时已而不虚；春秋不变，水旱不知。此其过江河之流，不可为量数。""河伯"本已觉得"天下之美尽在己"，但见到大海之后，才发现自己只是一个有限的分支而已。

中华文化，就像是一片汪洋大海。它在古往今来万千条河流的汇聚之中，逐渐形成了一个宏大的整体。正是"海纳百川"，使它不仅生机无限、永不枯竭，而且"无边无际""澄之不清，扰之不浊"。

今天的中华文化，不但有几千年里许许多多本土民族文化的汇合，还有近代以来，西方和境外文化的流入汇融。简单地说，今天的中华文化，已经是至少由"中、西、马"三大源流汇合的文化，是比过去更加开放、更加广阔、更加深邃、更加丰富、更有活力的文化。它进一步显露出中华文化"海纳百川"的气势和不可分割的整体生命力。

"中、西、马"等几大源流的汇合交融，既是一个事实，也是一个过程。诚然，这个过程并未结束，也不应结束；以往的汇合交融并非完全和谐，也不可能一次圆满。但是，这个符合人类历史规律的大趋势，却像江河入海一样，不可阻挡，不可逆转。谁看不到这一点，谁就可能逆历史潮流而动。

在世界和中国，偏偏就有这样一些人，他们总想阻隔洪流，"澄清"大海，企图让大海只保持某一水系的来源，只呈现某一江河的面貌。那些极力要"净化文化"的人的心态，大体就是如此。

比如，他们以为，要建设先进文化，就必须剔除"杂质"，找到唯一"纯正"的优秀文化样式。那么，这个"唯一纯正的优秀文化"是什么？他们认为只能是纯而又纯的某一家，要么是纯粹的"中式"，要么是"全盘西化"，要么全部"姓马"。在它们所代表的"普世价值"面前，其他文化都是"地方"的、落后的，甚至是有害的"杂质"和"噪音"。所以，每一套"纯正"的文化体系，都显出绝对排他的倾向。"中、西、马"之间也只能相互排斥，非此即彼。

尤其是一些狂热的复古主义者，在"弘扬中华优秀传统文化"

的当代口号下，无视今天的中华文化已是"中、西、马"汇合中的文化这一现实，却积极主张"清理门户"，要求清算、剔除一切"外来的"文化。他们不仅主张全盘驱逐"西方资本主义的文化"，而且也叫嚷要把马克思主义"赶出中国"，因为马克思主义也是"来自西方"的；他们不承认今日的中华崛起，实际正是得益于上述汇合，即中华文化的自我更新，却极力为昔日封闭和僵化的文化糟粕招魂。

至于什么中华优秀传统文化的代表，他们也是要为"唯一正统"的地位而战的。他们力图把中华文化还原成某一家一派的学说体系，树立起独一无二的文化样板。你说儒家，他说道家，还有人说法家、墨家……但是，他们似乎只知道有中原华夏文化的江河之"流"，却不知道有多民族文化汇合而成的中华文化之"海"。他们总是只强调一家之言，却不管中华民族几千年的历史是怎样得益于"百家争鸣"的；在实践中，又是怎样因开放包容而获益，因"独尊一派"而受损的。他们所热衷的，是让各种文化互相 PK，以便留下一家，而不是疏通渠道，让多种文化相容相通，汇成"和而不同"、气象万千的汪洋大海。

总之，这种思维总是闭眼不看现实的大海，却企图在阻隔洪流的前提下，"澄清"大海。面对这样一种略显盲目的狂热，我们似乎可以问一句：

"你想喝干大海？"

（王俊博）

足球须有"中国式"

　　足球，成了最让中国人揪心的一项体育赛事。

　　作为世界"第一运动"，足球一直是中国人最关注的体育项目之一。尤其是 20 世纪 90 年代中国足球实行职业化改革以来，更是吸引了许多企业的赞助和支持。一些俱乐部不惜重金聘请外籍教练，引进国外知名球星；在中国各级联赛踢球的球员收入也得到大幅度提升；比赛场地、训练器材、球员装备、后勤服务等各方面保障设施也有显著改善。但与之形成鲜明对比的是，中国国家足球队（男足）的水平却未见明显提升。有人汇总了中国国家队历年的国际足联世界排名情况，发现从 1994 年的世界第 45 名到 2017 年的第 80 名左右，20 多年来中国队的名次虽然有起有伏，但整体趋势处于一个清晰的下降通道中。另一个事实则是中国队距离参加世界杯决赛越来越远了。20 世纪八九十年代，中国队经常上演的剧情是最后关头功亏一篑，"只差一步到罗马"。而近些年来，除 2002 年韩日世界杯昙花一现外，中国队在世界杯亚洲区预选赛中往往提前出局，有时甚至连第二阶段的十强赛也无缘参加。这些现象引发了人们的思考：中国足球怎样才能踢得好，在比赛时取得与泱泱大国的实力相称的成功？

作为一项竞技体育运动，足球是靠公平竞争来检验成败的。赛场上的输赢，主要取决于球队的实力和发挥水平。就是说，球是一样的球，规则是一样的规则，谁输谁赢，拼的是全队的素质和战术。那么，什么是优质的素质和制胜的战略战术？怎样使中国足球达到它的高水平？这些问题理所当然地成为发展中国足球的一个焦点，很多努力措施也都从这一点入手。然而，几十年来实施的效果，却不见起色。中国足球不仅依然如故，甚至还有些心劳日拙。问题出在哪里？

问题可能出在，在有关人士的头脑里，想的只是"如何踢好足球"，而不是"如何踢好自己的中国式足球"；或者在他们的理解和设想中，有的只是"足球"，却缺少了"中国"！为什么这样说？看看这些年的足球体制改革是怎样简单地照搬外国经验，怎样积极模仿市场化的俱乐部体制，怎样热衷于砸钱，一味高价引进外国球员和教练吧。企图依靠这些来带动中国足球的发展和提升，却始终拿不出形成自己特色和优势的路数。

当然，学习外国的好经验是必须的。但究竟什么是外国的"好"经验？世界足球的样式丰富多彩，比如有德式足球、荷式足球、英式足球、欧洲拉丁式足球、南美式足球等，不同流派之间风格各异，迄今并未出现一种能够广泛适用于世界各国的足球风格。各足球强国的"好"经验是，国家不论大小，都重视从本国家本民族的实际出发，坚持不懈地探索，从而形成一套符合自身特点的足球理念和技战术。他们虽然也吸收借鉴了其他国家的成功经验，但总体是以"我"为主，从未把追随一时的"先进"模式当作主要攻略。而中国足球却喜欢"紧跟世界先进潮流"，一会儿学巴西、阿根廷，一会儿学德国，一会儿学荷兰，一会儿又学西班牙，到现在也没有真正摸索出一条自己的道路，倒弄了个"四不像"。

从国外引进优秀的球员和教练也是必要的，但终究"别人的肉贴不到自己身上"。况且，优秀人才的数量总是很有限的，最优秀的人才未必请得来，就是请来了最好的教练，也未必能在短时间内改变中国足球的大局。最根本的，还是要靠自己的力量，培养造就中国自己的一代代优秀球员，特别是"大牌"教练。然而，这样的机制我们学到手了么？

要振兴中国足球，就不能眼睛只盯在足球队和足球场上，还要回归到发展足球乃至整个体育事业的"初心"和理念上。就是说，不要企图只在项目本身找"捷径"，一心指望从最直接的条件入手，就能一举扭转乾坤。不可以为学到了最优模式，引进了最佳球员，聘请了名牌教练，在比赛中获得几场胜利，就能使中国足球走向辉煌。实践证明，这样只能是"欲速则不达"，愈"加速"离目标愈远。

回到发展足球和体育事业的"初心"理念，需要从这里开始：怎样才是发展得"好"。要知道，"好坏"总是因人而异的。"足球"本身并无好坏之分，可分优劣的是足球的"踢法"。而对中国足球来说，只有适合中国人的，能够充分发挥中华文化优势的踢法，才可能是好的踢法。与他国比赛时的胜负，可以成为改进自己踢法的经验教训，却不可以成为放弃自己追求，改为邯郸学步、东施效颦的理由。几十年前的中国足球也曾称霸亚洲，历史的启示正在这里。

所以，振兴中国足球的出路，恐怕还是在于，从头开始，努力踢出生龙活虎的"中国式"足球！

（苗光磊）

自我矮化的文化"侏儒"

改革开放 30 多年以来，我们创造了很多奇迹，为世界所瞩目；同时，我们也遇到了不少问题，有很多的经验和教训。尤其在精神追求和思想转化方面，我们做得还非常不够，对于改革开放 30 多年实践的理论表述，少有深层次的理论提升，更缺少讲述中国故事的理论自信和能力。

正如奈斯比特所说的，中国有很多故事，但中国人自己不会讲。这与当前社会中存在的两种倾向，即"唯洋"和"唯古"，有着很大关系。其中，"唯洋"是一种西化论的文化导向，主张一切向西方看齐，"西方怎么做，我们就怎么做""西方有什么，我们就要有什么"，只要西方有的、做了的，我们有了、做了，就实现现代化了；而"唯古"则是一种复古的文化导向，主张一切向古人看齐，我们的古人什么都有，就像一副金疮药，包治各种疑难杂症，因此，只要我们恢复古人之制，就能迅速实现民族复兴和国家强大。

其实，无论是"唯洋"，还是"唯古"，都是对人们思想的束缚或干扰，都不利于中华民族在精神上的自立。这两种倾向虽然各不相同，甚至相互对立，但有一个共同点，即对"我（们）"的忽视或否认，他们忘了现在的中国和中国人，生长在五千年文明的土壤上，同时广泛吸收着西方文明的成果，这一代中国和中国人有着自己的权利和责任。离开了"我（们）"这一主体，去谈文化创新或复兴，要么是把权利和责任交给洋人，要么是交给古人，那我们现在的人呢？我们有着改革开放近40年的实践，为什么不去讲我们自己的故事，而非要混淆继承和照搬的区别，一切为洋大人或古人马首是瞻？这种文化偏执状态，只能造就文化侏儒和文化掮客，不利于任何文化创新和自立。

比如，当前学术界的一个趋向——"思想淡出，学术凸显"，即热衷于区分思想和学术而刻意回避前者，打着自我保全的名号，一味趋史避论、趋古避今、趋洋避中、趋名避实，总之就是将学术脱离于社会、脱离于现实。这种"唯洋""唯古"、刻意区分思想与学术的心态，与我们当前的时代和实践极不相称，只会造就文化侏儒和学术侏儒。

无论是从国内还是从国际环境看，当前之中国都需要呼唤自己的大思想、大智慧和大手笔，需要我们自己站出来，讲好自己的故事。而要自己站起来，讲好自己的故事，就要我们及早确立自觉的中华文化主体意识。虽然我们中国文化主体性的觉醒、文化主体意识的形成这个过程已经开始，但是还没有完成，还需要经过一些曲折、一些努力、一些反复的磨炼，可能也还会付出一定的代价。因此，我们更要打好文化主体意识这个思想基础，面对现实问题的理论封闭和对现实批判的理论贫乏，敢于发出自己的声音；敢于超越西化和反西化情结的纠缠，不"唯古"亦不"唯洋"，而以"我（们）"为主体，摆脱文化侏儒的心态，自觉正视并担负起"我（们）"的权利和责任，更加注重面向历史、面向实践、面向人民，从中国和世界面临的真实问题中寻找理论突破口，真正实现中国人的精神自立。

文化上的侏儒心态，犹如"扶不起来的阿斗"，是一种严重缺失中华文化主体意识的表现。只有我们真正确立了中华文化主体意识，敢于自己站出来，争取自己的学术权利和话语权利，承担自己的学术责任，不泥古，不崇洋，不畏上，不媚俗，敢于实事求是，勇于学术创新，才能讲好中国自己的故事，形成学术的良性发展。

（吕建伟）

乒乓作响的"国球"

　　无论经济、政治、科技、贸易还是文化，都有"品牌"之说。在国际竞争的舞台上，每个国家都希望打造本国的优势品牌，但优势品牌未必都能按需要和想象打造出来。这是因为，品牌作为国家品质和形象的符号，是多种因素构成的"文化软实力"的果实。一棵怎样的文化之树，只能结出怎样的品牌之果，这是不能勉强的。所以，要想知道怎样才能打造好自己的文化品牌，或许应该"解剖"一两只品牌的"麻雀"。

　　体育，是一项最普遍的文化形式，也是一个可以常常直观国家文化实力的窗口。人们通常也从一个体育品牌，窥见一个国家或地区的文化面貌。在我国，最能够被认为是"国字号"的体育品牌，恐怕就是武术与乒乓球。武术是中国传统文化的有机组成部分，而乒乓球是新打造出来的品牌。若问乒乓球原本是来自西方的运动项目，何以成为中国的"国球"呢？这说起来可就话长了。

　　乒乓球于 19 世纪末起源于英国。游戏者在室内的桌子上用硬纸板将圆软木塞或橡胶球击来打去，是以模仿当时在室外场地打网球的形式，来弥补阴雨天无法在室外打网球的闲来之举。到了20世纪，乒乓球已发展为全球的运动项目，并成为奥运会的正式比赛项目。而它被称为中国的"国球"，则有着特殊的历史背景、社会原因及情感表达。

1950年，刚成立的中华人民共和国面临的国际环境十分复杂，国内建设百废待兴，体育事业艰难起步。由于未能加入相应的国际体育组织，我国运动员不能参加包括奥运会在内的许多国际体育竞赛。在这样的背景下，我国运动员能够参加为数不多的世界性体育竞赛，就是弥足珍贵的事件了。在比赛中能够获得冠军，那就更是激动人心的重大事件了。1959年，在联邦德国举行的第25届世界乒乓球锦标赛上，我国运动员容国团获得男子单打冠军，这是中国运动员在正式的世界体育竞赛中获得的第一个冠军。从那时起，"乒乓热"在中国大地上经久不衰，我国乒乓球运动的水平不断提升，逐渐形成了在国际比赛中所向无敌，甚至"孤独求败"的优势，半个世纪以来在世界乒坛独领风骚。其间虽有起伏，但都波澜不惊。无论国际乒联怎么限制——改赛制，改发球，改比分，直到改变球的尺寸，试图形成"世界打中国"的局面，也都无法阻碍"中国打世界"的局面。

一次次夺冠、一场场胜利，给人们以极大的精神鼓舞和力量支持，不断激发着人们的国家荣誉感和民族自豪感，乒乓球也逐渐成为许多人最为喜爱的体育项目。据报道，我国近3亿人会打乒乓球，约有1000万人经常参加乒乓球赛。乒乓球带给人们的，不仅仅是运动的体验和情感的寄托，更是对美好生活愿景的展望。人们津津乐道于中国乒乓的传奇故事，也在积极参与中深入地思考乒乓球运动的文化价值。

1964 年，一篇题为《关于如何打乒乓球》的讲话文章，对乒乓球运动的特征、规律、技术战术运用、比赛中状态的调整等进行了客观的、辩证的分析，对中国女队获得世界冠军起到了至关重要的作用。1965 年 1 月 12 日，毛泽东就该文做出批示："……这是小将们向我们这一大批老将挑战了……他们讲的是打球，我们要从他们那里学习的是理论、政治、经济、文化、军事。如果我们不向小将们学习，我们就要完蛋了。"这篇文章引发了学习、应用马克思主义哲学的热潮，许多人学哲学、用哲学，对辩证唯物论的基本原理和基本常识有了不同程度的认识和掌握，在工作中取得了很大的成绩；有的人还由此走上了信仰、研究、宣传马克思主义的道路。从乒乓球运动规律的认识，推衍到对社会、文化及生活问题的哲学层面的思考，激活了人们的头脑和创造性。

1971 年，著名的"乒乓外交"（邀请美国乒乓球队访华进而改善中美关系）则显示了"小球推动大（地）球"的政治力量，这说明在中国，开展乒乓球运动已经不仅仅是体育的事情了，也为其成为"国球"奠定了坚实的社会基础。在许多人的潜意识中，乒乓球作为事实上的"国球"是水到渠成的事情。乒乓球运动的长盛不衰和人民群众的广泛参与，造就了"国球"的品牌效应和现实地位。

乒乓球成为"国球"，这一品牌效应给了我们这样的启示：外来项目与中国文化特质的契合，是乒乓球在中国兴起的根基。比如相对平和的隔网对抗方式、个人技巧的修炼与展示、小群体活动的便捷与灵活、设备条件的简易与适宜，都使得乒乓运动的普及可行并成为现实。

适合广大群众的需要，并使群众便于参与，是乒乓球获得源源不断的人才资源、人力和物力资源、精神和智力资源的不二法门。有了这样的资源，它才能够长盛不衰。相反，乒乓球一旦脱离了自己的社会基础，变成少数人的特权或玩具，那么无论它曾经多么强大，最终也都将无可挽回地衰落下去。

乒乓球给中华文化的复兴提供了丰富的启迪。为了不忘记这些启迪，当我们想要做好什么事情时，不妨叫一声：

"走，打乒乓球去！"

（颜天民）

学步岂止有邯郸

　　"邯郸学步"几乎是每个稚童牙牙学语时就耳熟能详的启蒙故事。故事出自《庄子·秋水》："子往呼！且子独不闻夫寿陵余子之学行于邯郸与？未得国能，又失其故行矣，直匍匐而归耳。今子不去，将忘子之故，失子之业。"这个故事流传下来，被李白写成了诗句"寿陵失本步，笑煞邯郸人"，后来又被凝练成了"邯郸学步"这个寓意深刻的成语。

　　在两千多年的口耳相传中，故事逐渐增加了更多丰富的内容。这位燕国寿陵的少年，被描述成吃穿不愁，长相也相当过得去的少年。但是，他有个毛病，就是对自己特别缺乏信心，总是毫无缘由地觉得自己事事不如人，甚至连站相坐相都是人家高雅自己粗俗。于是他见什么就学什么，却学一样丢一样，结果不知道自己该是什么样。别人的劝解他也听不进去。日久天长，他竟怀疑起自己走路的样子来，觉得自己走路的姿势又笨又丑。有一天，他听说邯郸人走路的姿势优美，一下子对上了心病，便瞒着家人跑到邯郸学走路去了。到了邯郸城才发现人们走路的姿势各异，小孩走路的姿势活泼，老人走路的姿势稳重，妇女走路的姿势摇曳多姿，他眼花缭乱，见一个就跟在后面学一个，结果一个也没学会，却把自己走路的姿势忘记了，路费也花光了，最后只能爬着回家。

在后世的研究中，有专家考证《庄子·秋水》，认为这则故事实际上讲的是寿陵少年去邯郸学习"踮屣"（一种抬起脚跟用脚尖着地旋转起舞的舞蹈，类似于芭蕾舞）。由于少年学习刻苦，独自练舞时意外摔伤了腿骨，从此不能站立只好匍匐而行。如此考证下来，故事虽然合情合理，但过于平常，远不如前面的夸张有趣，且发人深省，在让人忍俊不禁的同时，发现一种教条主义的荒谬：走路岂有固定姿势和统一标准，能走好才是重要的！

"邯郸学步"这个成语说的是：虚心好学不是错，错在不会"学"。寿陵少年的虚心和虔诚，是建立在"不自信＋迷信"基础上的。他的学法，是生吞活剥、简单机械地模仿别人，完全不从自己的实际出发，忘记自己本来是走路的。他把对自己的不信任，变成对权威、典范、规则、程序等，总之是前人经验成果的绝对依赖。一遇到事情，想的只是书本上规定要求如何，先贤是怎样说的，典范是怎样做的……只想着一丝不苟地照着做，却从不想一想，就自己的情况来说，可以怎样独立处理，有没有更合适的做法。这样"学习"的结果必然是，"学不成别人，反而丢失了自己"。

直立行走，是人类最简单的一项本领。在这样简单的事情上尚且会出错，在复杂的事情上就更需要警惕。

比如学术研究，我们至今还常常不自觉地就犯了这样那样的教条主义。教条主义的典型心理，是"不自信＋迷信"。不相信历史，不相信实践，不相信群众，当然也就不相信自己和身边的所有人；

只相信书本经典、权威结论、现成典范，只相信典范所体现的规则和程序，对它们的相信到了盲从的程度，乃至成了迷信。用"不自信＋迷信"来治学，在中国传统中，是经学主义特有的家风。

中国传统的经学主义，主要是迷信经典和圣贤，强调恪守道统门户，要求一字一句都要出自古人，使之成为规范化的雷池。这样的治学方式影响了两千多年，让许多学者不是"我注六经"，就是"六经注我"，总是离不开"经"和"注"，只在概念之间兜圈子，看不见今日的大千世界，看不见活生生的现实。

如今，这种经学主义的治学方式又被一些人搬用到了"西学"甚至"马学"上，更换了经典和偶像，造就了新的门户樊篱，治学方式却依然如故：

有的学科与学说不分，以为哲学就是"西方哲学"，因此"言必称希腊"，否认有"中国哲学""东方哲学"，唯以追随西方学术为要务；

有的知识与思想不分，以为权威的结论就是普遍知识，因此"学习"只是掌握知识，轻视批判性思考；

有的史论不分，以为数清楚了前人的足迹，就是掌握了理论，因此总是达不到经典的高度，却常常以熟知和卖弄经典名句为荣；

有的引证与论证不分，以为搬出了经典就是树立了观点，因此不愿面对现实做踏实的调研、考证、分析、论证等创新工作；

有的学习与模仿不分，完全没有问题意识，以为学谁就要像谁，最终把"学问"变成了"学舌"，丢弃了自己的思想；

……

显然，这些都只不过是一种精神上的"邯郸学步"。

经学主义的治学方式总是强调，在学习中总有一个至高无上的"标准"需要不断地去领会和靠近。而领会和靠近的诀窍，不在于联系历史和现实，不在于有问题意识，而在于选准门户和经典，然后死记硬背。"书读千遍，其义自见！"而被经学主义捆住手脚的青年学子们，则须匍匐在前辈巨擘脚下，将他们的理论当作教条，只能学习而不能怀疑，只能研究而不能超越，否则就是不规范、不标准、不专业。这样一来，青年学子们就永远只能"知道"过去和前人，而不能"发现"今天和自己，只能跟在教条的后面亦步亦趋，而不能发出自己的声音。因此，只有解开绳索，破除迷信，才能树立起学术自信，走出自己的步伐，走前人没有走过的路，发现前人没有看过的风景。有道是：

"今人不见古时月，今月曾经照古人！"

（曹融）